KB150012

이토록 찬란한

순간이라니

죽기 전에
꼭 가봐야 할
인생 여행지

일러두기

- 본문에 소개한 여행지 및 정보는 2024년 7월을 기준으로 한 내용으로, 현지 상황에 따라 달라질 수 있습니다. 반드시 미리 확인하고 방문하시길 바랍니다.
- 본문에 소개한 여행지는 저자의 개인적 경험을 토대로 선정한 여행지로, 현지 상황에 따라 최적의 방문 시기와 시간이 달라질 수 있으며 개인마다 느끼는 소회가 다를 수 있습니다.

죽기 전에 꼭 가봐야 할 인생 여행지

초판 1쇄 발행 · 2024년 8월 2일
초판 4쇄 발행 · 2025년 2월 17일

지은이 · 킴스트래블

발행인 · 우현진
발행처 · 주식회사 용감한 까치
출판사 등록일 · 2017년 4월 25일
팩스 · 02)6008-8266
홈페이지 · www.bravekkachi.co.kr
이메일 · aoqnf@naver.com

기획 및 책임편집 · 우혜진
마케팅 · 리자
디자인 · 죠스
교정교열 · 이정현
CTP 출력 및 인쇄·제본 · 이든미디어

- 책값은 뒤표지에 표시되어 있습니다.
- 잘못된 책은 구입한 서점에서 바꿔드립니다.
- 이 책에 실린 모든 내용, 디자인, 이미지, 편집 구성의 저작권은 도서출판 용감한 까치와 지은이에게 있습니다. 허락 없이 복제하거나 다른 매체에 옮겨 실을 수 없습니다.

ISBN 979-11-91994-29-2(03910)

ⓒ 킴스트래블

감성의 키움, 감정의 돌봄 **용감한 까치 출판사**

용감한 까치는 콘텐츠의 樂을 지향하며 일상 속 판타지를 응원합니다. 사람의 감성을 키우고 마음을 돌봐주는 다양한 즐거움과 재미를 위한 콘텐츠를 연구합니다. 우리의 오늘이 답답하지 않기를 기대하며 뻥 뚫리는 즐거움이 가득한 공감 콘텐츠를 만들어갑니다. 아날로그와 디지털의 기발한 콘텐츠 커넥션을 추구하며 활자에 기대 위안을 얻을 수 있기를 바랍니다. 나를 가장 잘 아는 콘텐츠, 까치의 반가운 소식을 만나보세요!

죽기 전에
꼭 가봐야 할
인생 여행지

킴스트래블 국내 여행 산문집

저자의 말

고등학교 2학년 여름방학이었다. 중학교 시절 20명의 친구와 20명의
어머니로 결성된 '구모회'라는 모임의 여름 단체 여행으로 지리산을
찾았다. 당시 어머니들이 계획한 극기 훈련이라는 미명으로 산악 가
이드 한 분을 대동해 우리 20명의 친구들을 떠밀듯 천왕봉으로 올려
보냈다. 그때는 몰랐다. 지리산이 그렇게 깊고 높은 산인지. 올라도
올라도 끝이 보이지 않았다. 그렇게 많이 걸어본 것도, 그렇게 많은
땀을 흘렸던 것도 그날이 처음이었다. 힘들어서 미칠 것 같다는 어린
고등학생들의 투덜거림은 정상까지 오르는 동안 내내 이어졌던 걸로
기억한다. 그렇게 나는 18세의 어린 나이에 처음으로 지리산 최고봉
인 천왕봉에 올라섰다. 그런 광경은 태어나서 처음이었다. 끝이 보이
지 않을 만큼 까마득하고 광활한 대지와 셀 수 없이 많은 산들이 발아
래 가득 내려앉았고, 구름까지도 내 키를 넘기지 못하고 발아래로 흘
러 다니는 모습에 놀라움을 감추지 못했다. 난생처음으로 자연이 주
는 감동이라는 걸 경험한 순간이었다. 그때 그 바람 부는 천왕봉 정상
에 서서 나는 다짐했다. 이 광활한 대지 위에 존재하는 아름다운 세상
을 모두 돌아봐야겠다고 말이다.

→ 킴스트래블

고2 친구들과 함께 오른 지리산 천왕봉에서

그 다짐은 일
상으로 돌아와서
도 쉽게 사그라들
지 않았다. 고등학
생 시절 내내 여행
이 고팠고, 입시 공
부가 끝난 고 3 겨
울방학이 되자 어
머니에게 7만 원을
받아내 자의로 떠나는 내 인생 첫 여행길에 올랐다. 부산에서 완행열
차를 타고 김천, 상주, 강릉, 진부, 속초를 여행했고, 오대산과 설악산

을 올랐다. 그 여행이 지리산에서 다짐했던 그때 그 각오를 실천하기 위한 첫걸음을 내디딘 순간이었다.

지리산에서 처음 느낀 그 강렬했던 감동 때문이었을까? 20대까지는 주로 산에 빠져 있었던 것 같다. 지금에야 등산이 대중화되어 젊은 사람들도 산을 많이 찾는 시대가 되었지만, 등산화도 아웃도어도 없던 그 시절은 어린 나이에 산을 오르려는 이가 별로 없는 시대였다. 친구들을 겨우 설득해 함께 몇 번의 산행을 하기는 했지만, 결국은 혼자가 되었다. 그렇게 내 20대 거의 전부는 홀로 외로이 전국의 명산을 찾아 등산을 하며 보냈다.

10년에 가까운 시간 동안 홀로 산을 오르는 것에 지쳐갈 30대에 이르자 산보다 여행의 비중이 높아지기 시작했다. 우리나라의 문화를 알아가고 역사를 조금씩 알아가던 시기였다. 이때부터는 많은 이들이 함께해주었다. 여행 동호회를 만들었고, 월 1회씩 100여 명이 훌쩍 넘는 답사 여행을 기획하고 그들과 함께 10년 동안 대한민국 방방곡곡을 누비고 다녔다.

　　그러는 동안에 어느덧 나는 여행 전문가가 되었고, 여행 작가가 되어 있었다. 고등학교 2학년 여름방학 기간에 지리산에 올라 만났던 그 단 한순간의 풍경이 지금의 나로 이끌었던 것이다. 단 한순간도 여행을 놓지 않았던 그 긴 시간 동안 내 손에 들려 있던 필름 카메라는 디지털카메라로, 종이 지도는 내비게이션으로, 삐삐는 스마트폰으로 바뀌었고, 글과 사진으로 남기던 나의 여행 기록은 이제 영상으로 남기고 있다. 지금 내 손에 들린 장비만 봐도 강산이 세 번쯤은 바뀐 것 같다. 하지만 아직도 여전한 건 내가 여행을 대하는 자세와 진심은 변함이 없고 바뀌지 않았다는 것이다.

　　지금 우리는 여행 콘텐츠의 홍수 속에서 살고 있다. 책보다는 스마트폰이 더 익숙해졌고, 각종 SNS와 영상 플랫폼을 통해 사진, 영상, 숏폼에 이르기까지 하루에도 수천, 수만 개의 여행 콘텐츠가 만들어지고 공유되는 시대다. 계절별로 예쁜 꽃이 넘쳐나고, 멋들어진 인공 구조물이 넘쳐난다. 모두 눈에 띄게 예쁘거나 호기심을 일으키는 장소다. 아마도 빠르고 가볍게 소비되고 있는 현대 여행의 트렌드가 반영된 결과물일 것이다. 그렇듯 현시대의 여행에는 이미 역사는 잊힌 지 오래고, 오랜 시간 한반도를 지켜온 우리의 자연과 문화유산은 두 발짝 정도 물러나 있다.

　　그런 현시대의 여행이라는 호수 위에 조심스럽게 작은 돌을 하나 던져보고 싶었다. 눈으로 하는 여행도 좋지만, 마음으로 하는 여행이 우리를 더 감동시키고, 그 감동은 우리 가슴속에 각인되어 긴 그리움으로 남는다는 사실을 전해주고 싶었다.

옛사람들은 여행을 즐긴다는 말을 풍류(風流)를 즐긴다고 표현했다. '바람의 흐름을 느낀다'라는 표현이다. 그렇듯 여행은 바람의 흐름까지 느끼며 내 마음의 시를 짓는 일이다. 그날의 온도, 습도, 바람, 공기, 빛, 향기, 소리, 그리고 그날의 분위기와 날씨 모두를 몸과 마음으로 느끼며 묵묵히 시간 속을 흐르는 풍경 앞에 마주 서는 일. 그 속에서 마주한 감동의 순간은 마치 각인처럼 오래 기억될 것이다. 그리고 그 안에 녹아든 그날의 사연과 감정은 나만의 이야기가 되고 추억이라는 긴 여운을 남기게 된다. 내가 느끼는 여행의 의미는 그랬고, 여러 번을 갔어도 다시 찾고 싶은 내 인생의 여행지에는 모두 그런 사연과 감정이 담겨 내게 긴 여운과 감동을 남겨주었다.

세어보지는 않았지만 30년이 가까운 시간 동안 대한민국을 서른 바퀴쯤은 돌았을 것이다. 앞서 말한 여행 철학을 가지고 무척 긴 시간 동안 여행을 이어온 것 같다. 그리고 잊지 못할 수 없이 많은 감동의 순간을 만나왔다. 이 책에는 그중 가장 감동적인 순간을 만났던 장소 39곳을 담았다. 그저 한 번쯤 가볼 만한 여행지가 아닌, 다시 찾고 싶은 감동을 준 내 인생의 여행지다. 단 한 장소만 보고 먼 길을 찾아가도 전혀 아깝지 않을, 여행의 목적이 되어도 좋은 단 하나의 여행지만 담아냈다. 모두 사람이 아닌 자연을 따라가야 하는 시간이 흐르고 계절이 흐르는 풍경이다. 그곳의 가장 아름다운 순간을 만나는 계절과 시간, 날씨, 습도, 기온을 말하고, 그곳에서 마음으로 느꼈던 나의 감정을 말하고, 그 여행의 과정을 담았다.

글을 쓰는 시간이 마치 짧은 순간에 많은 꿈을 꾸고 깨어나 그 꿈들을 기록하는 듯한 느낌이었다. 또 그 꿈들이 어찌나 생생했던지, 마치 꿈속에 머물러 있는 듯 글을 써 내려갔던 것 같다. 그만큼 그때 그 순간들의 기억은 마치 각인처럼 생생했다.

부디 이 책을 읽는 많은 사람들이 함께 여행하고, 같은 감동을 받고, 같은 꿈을 꾸고, 같은 각인을 지니고 살아갈 수 있기를.

여행은 사람의 시간이 아닌
자연의 시간을 따라가야 한다.

2024년 7월 킴스트래블

목차

004   저자의 말

012   여름 ｜ 하늘이 허락한 풍경 노고단

024   봄 ｜ 1년에 단 30분 세량지

034   가을 ｜ 가장 늦게 물드는 단풍 담양 메타세쿼이아

044   봄 ｜ 비현실적인 아름다움 속 붕어가 헤엄치는 육정호

058   가을 ｜ 숨겨진 아름다움 절골계곡

070   봄·여름·가을·겨울 ｜ 태고의 아름다움을 간직한 우포늪

086   가을 ｜ 몽환적인 물안개와 춤추는 은행나무 문광저수지

098   봄 ｜ 은하수와 진분홍 철쭉이 노래하는 황매산

112   봄·여름·가을·겨울 ｜ 물 위를 걷는 아름다운 산책 대청호 오백리길

124   가을 ｜ 황금빛 갈대가 바람에 일렁이는 순천만

144   봄 ｜ 땅끝에서 만나는 감동 해남

168   봄·여름·가을 ｜ 여행의 의미를 알고자 하면 욕지도

182   봄·여름·가을·겨울 ｜ 인생의 길, 순례자의 길을 만나는 곳 용도

198   여름 ｜ 푸른 이끼의 신비한 비경 무건리 이끼폭포

210   봄·여름·가을 ｜ 옥빛 치마를 두른 비경 미인폭포

222   봄·여름·가을·겨울 ｜ 강이 산을 품고 흐르는 풍경 구문소

232   봄·여름·가을·겨울 ｜ 산과 강이 품은 비경을 만나는 동강 드라이브

244   봄·여름·가을 ｜ 신선도 반해 노닐던 아름다운 섬 선유도

258   가을 ｜ 비밀의 정원을 만나다 구절초 지방정원

270   가을 ｜ 대한민국 단풍 1번지 내장사 단풍

282　봄·여름·가을 | 웅장한 주상절리 협곡을 만나는 재인폭포

292　겨울 | 눈이 내리면 망설임 없이 내변산

310　겨울 | 인간과 자연이 만드는 황홀경 진하 & 강양항

324　봄 | 흐르는 강물처럼 벚꽃이 흐르는 하동 10리 벚꽃 길

334　봄 | 대한민국 매화1번지 광양 매화마을

346　봄 | 숲과 바람이 전해주는 이야기 고창 선운사~도솔암 봄 숲길

360　봄 | 계절과 시간에 숨겨진 비경 마이산

378　가을 | 산사에 피는 붉은 눈물 꽃무릇 여행

394　봄 | 벚꽃잎 흩날리는 도심 속 봄의 낭만 진해 벚꽃

406　가을 | 하늘과 맞닿은 아름다운 가을 숲길 하늘재

418　가을·겨울 | 안개의 시간 속 마법 같은 풍경 남한강 일출과 비내섬

434　겨울 | 호남의 금강에서 만나는 설경의 극치 대둔산 설경

446　겨울 | 여행자들의 버킷 리스트 한라산 설경

458　겨울 | 내 인생에서 잊지 못할 감동 소백산 설경

474　가을 | 가을에 깃든 산수화 내연산폭포

488　가을 | 고요한 가을 속 낭만 하옥계곡~옥계곡 드라이브 코스

502　겨울 | 사무치게 아름다운 겨울 바다 칠포해변

516　겨울 | 구름 속 섬국음 만나는 만항재

528　봄·여름·가을·겨울 | 신선이 노닐던 별천지 무릉계곡과 베틀바위

하늘과 닿아 있는 그곳에
오직 하늘만이 허락한 풍경이 있다.
운동화 끈을 가뿐히 매고
별 무리 아래를 걷는다.

죽기 전

노
고
단

여름
AM 05:00

우리나라에서 세 번째로 높은 산, 지리산. 하늘과 닿아 있는 그
곳에 오직 하늘만이 허락한 풍경이 있다. 초록 잎이 만연한 여
름, 만물이 조금씩 눈뜨기 시작할 새벽 5시 무렵. 운동화 끈을 가
뿐히 매고 별 무리 아래를 걷는다.

조용히 별의 노래에 귀 기울이며 걷다 보면 곧 구름바다가
보인다. 운해다. 지리산의 크고 작은 봉우리들이 제각기 저마다
의 섬이 되어 나를 향한다. 구름이 파도처럼 밀려온다. 매일 다
른 풍경, 매일 다른 감상. 지리산10경이라 불리는 노고단의 운
해다.

단 1시간의 풍경을 보기 위해 새벽이 오기도 전에 일찌감치 나섰다. 넉넉하게 즐기기 위해선 늦어도 새벽 3시 30분까지는 성삼재 주차장에 도착해야 하기 때문이다. 주차장은 노고단 탐방이 시작되는 입구다. 그곳에 주차를 하고 노고단 방향으로 걷기 시작하면 비로소 노고단이 시작된다.

한여름이어도 새벽의 산은 매우 쌀쌀하다. 새벽 산행을 위한 겉옷과 손전등은 필수다. 족히 1시간은 걸리는 새벽 산행을 발을 재촉하지도, 그렇다고 너무 끌지도 않고 적당히 즐긴다. 새벽 공기를 마시는 것도 물론 잊지 않는다. 그렇게 조용한 새벽에 파묻혀 걷고 있는 나에게 어느새 무수한 별 무리가 쏟아진다.

수억의 별이 내리꽂는 밤하늘 속에서 길을 잃듯 걷는다. 별을 길동무 삼아 노고단을 향해 걷는다. 1시간이라는 긴 시간이 너무도 짧은 것 같아 마음이 시리다. 그렇게 노고단의 첫 번째 선물을 가슴속 가득히 안아 올린다. 이 시간이 아니면 줄 수도, 받을 수도 없는 선물이다.

POINT

이번 여행의 핵심 포인트인 노고단의 일출과 함께하는 운해의 장관은 연중 항상 볼 수 있는 풍경이 아니라 온도와 습도, 기압, 날씨, 바람의 자연조건이 모두 맞아야 만날 수 있다. 그래서 오직 하늘이 허락해야 만날 수 있는 특별한 풍경이다. 확률적으로 습도가 높은 여름철 아침이 운해가 잦은 편이고 양도 풍부하기 때문에 노고단 운해를 보기에는 여름이 제격이다. 그렇다고 여름철 내내 볼 수 있는 것은 아니지만, 전날 낮 기온과 당일 아침 기온의 차이가 비교적 크고, 당일 낮 날씨는 맑으면서 해 뜰 무렵 습도는 70% 이상일 때 운해를 만날 수 있다. 습도가 높아지는 비율에 따라 아침 운해를 만날 확률이 높아진다. 기상 조건이 맞으면 다른 계절에도 운해는 만날 수 있지만, 여름철이 이 조건에 부합하는 날이 가장 많다. 또 여름이 새벽 산행을 하기에 가장 안전하고 쾌적한 날씨인 데다 여름 야생화를 만날 수 있는 시기이기도 하다. 한여름에도 노고단 정상 부근은 기온이 낮아 바람막이 점퍼 이상의 겉옷은 꼭 챙겨야 한다. 야간 산행이 동반되기 때문에 손전등도 꼭 챙기자(요즘은 핸드폰으로도 가능하다).

노고단은 신라의 화랑들이 제단을 만들어 '노고 할머니'에게 제사를 지내던 곳이다. 그래서 '할미단'이라는 이름으로도 불린다. 일제강점기에는 외국 선교사들의 휴양지로, 한국전쟁 때는 군사기지로, 그리고 1980년대에는 야영을 위한 많은 인파로 부단히도 고통받던 곳이다. 지금의 모습을 갖추기 위해 뼈를 깎는 고통을 감내하며 복원 프로젝트에 돌입한 것이 불과 얼마 전의 이야기다. 그래서인지 노고단에 오르려면 미리 국립공원공단 홈페이지에서 '탐방로 예약'을 해야 한다. 현장 예약도 받기 때문에 예약 없이 들어갈 수도 있지만, 선착순이기 때문에 가능성이 높지 않다. 예약 없이 방문하면 허탕만 치고 돌아

가는 경우도 부지기수다. 노고단은 꼭 새벽 5시(여름 7~8월 기준, 정확히는 일출 30분 전)에 올라야 한다. 새벽 3시 30분에 성삼재 주차장에 도착해 1시간가량 별 아래를 걸으며 노고단대피소를 지나 노고단 고갯마루(해발 1,440m)의 노고단 정상 출입 통제소까지 간다. 노고단 운해를 볼 수 있는 정상으로 가는 입구격인 이곳에 새벽 5시 전에 도착해야 하늘이 허락한 풍경을 볼 수 있다. 이곳에서 신분증과 예약 확인증을 검사하면 본격적인 노고단 정상 산행이 시작된다. 출입 통제소에서 정상까지는 약 15분. 이제부터 오늘만 볼 수 있는, 단 하루의 운해가 펼쳐진다.

같은 장소라고 해서 같은 풍경을 매일 볼 수 있는 건 아니다. 노고단의 운해는 특히 더 그렇다. 구름의 양과 높이가 적정해야만 웅장한 아름다움이 최고에 달한다. '하늘만이 허락한 풍경'이다. 매일 가도 매일 다르다. 지금 내 앞에 펼쳐진 운해의 풍경을 볼 수 있는 건 오로지 오늘뿐이다. 적당한 양과 높이의 구름이 만들어내는 노고단의 운해는 가히 비경이다. 발아래 장관이 펼쳐진다. 구름이 바다처럼 흩날리고 산봉우리는 하나의 섬이 되어 둥실둥실 떠다닌다. 구름이 산을 타고 흐른다. 하나라도, 한순간이라도 놓칠세라 눈조차 깜빡일 수 없다. 그토록 많은 곳을 여행하며 다녔지만, 지금 이 운해 앞에서는 모든 것이 다 허사 같다.

잠시 후 동쪽에서 해가 떠오른다. 일출이다. 빛과 바람과 구름과 하늘이 만드는 일출이 장엄하게까지 느껴진다. 모두 약속이라도 한 듯 '빛으로 그린 그림'을 향해 손을 모으고 기도를 한다. 노고 할머니를 위한 제단은 이제 없지만, 아직도 노고단은 여러 이들의 소원을 기꺼이 받아준다.

정상에서 내려올 무렵, 밝기 시작한 날에 밤에는 보이지 않던 야생화들이 곳곳에서 눈에 띈다. 원추리를 비롯해 형형색색의 여름 들꽃이 지천에 널려 있다. 아무래도 아직 꿈속인가 보다. 하늘을 걷는 듯, 땅을 걷는 듯 일렁이는 마음을 힘껏 누르며 하행하다 잠시 노고단대피소에 들른다. 이른 새벽부터 지금까

INFO

예약 여부 예약 필수(국립공원공단 홈페이지 내 탐방로 예약) * 꼭 첫 시간으로 예약 **운영 기간** 연중무휴(기상 변화 등 일시 폐쇄 가능) **운영 시간** 05:00~17:00(하절기 기준) **입장 마감** 16:00(하절기 기준) **주차** 성삼재 주차장(전라남도 구례군 산동면 좌사리 산110-3) **주소** 전라남도 구례군 산동면 좌사리 산110-16 **전화** 061-783-1507

지 계속 몸을 움직여서인지 배가 출출하다. 무거워도 고집스럽게 챙겨 온 버너와 코펠을 꺼내야 할 시간이다. 아직 새벽이라고 불러야 할 정도로 이른 아침, 산에서 끓여 먹는 라면은 눈물이 날 만큼 감동이다. 원초적인 나란 인간은 어쩌면 이번 여행에서 가장 감동이었던 순간으로 꼽을지도 모를 맛이다.

새벽 5시. 누군가는 잠에서 깨고, 누군가는 이제야 자기 시작할 시간. 노고단 여행은 바로 그 시간, 그 순간에 시작돼 끝이 난다. 꿈속을 걷듯 기쁘게 헤맸던 노고단의 별 무리, 하늘의 너그러움에 감탄한 정상의 운해, '오늘'이라는 감사함을 알게 된 일출, 하행길에서 벗으로 삼은 여름 들꽃. 노고단 여행은 그렇게 시작돼 끝이 난다.

PLUS

· **수락폭포** 예쁜 계곡과 함께 신경통에 효험이 있다는 15m 높이의 '물맞이폭포'를 만날 수 있다.
· **화엄사** 우리나라를 대표할 만한 천 년 고찰로 수많은 국보와 보물을 있는 그대로 만날 수 있는 박물관과도 같은 사찰이다. 개인적으로 조선 목조건축의 웅장함에 가슴 뭉클해지는 삭황선을 좋아한다.
· **사성암** 대한민국에서 가장 전망 좋은 사찰이라 할 수 있다. 암자에서 내려다보는 구례평야의 풍경이 일품이다.
· **운조루** 금환락지(금가락지가 떨어진 곳)라는 천하 명당 터에 지은 전통 가옥으로 그 후손들이 대를 이어 보존해오고 있는 집이다. 운조루(雲鳥樓)는 구름 속의 새처럼 숨어 사는 집이라는 뜻이다.

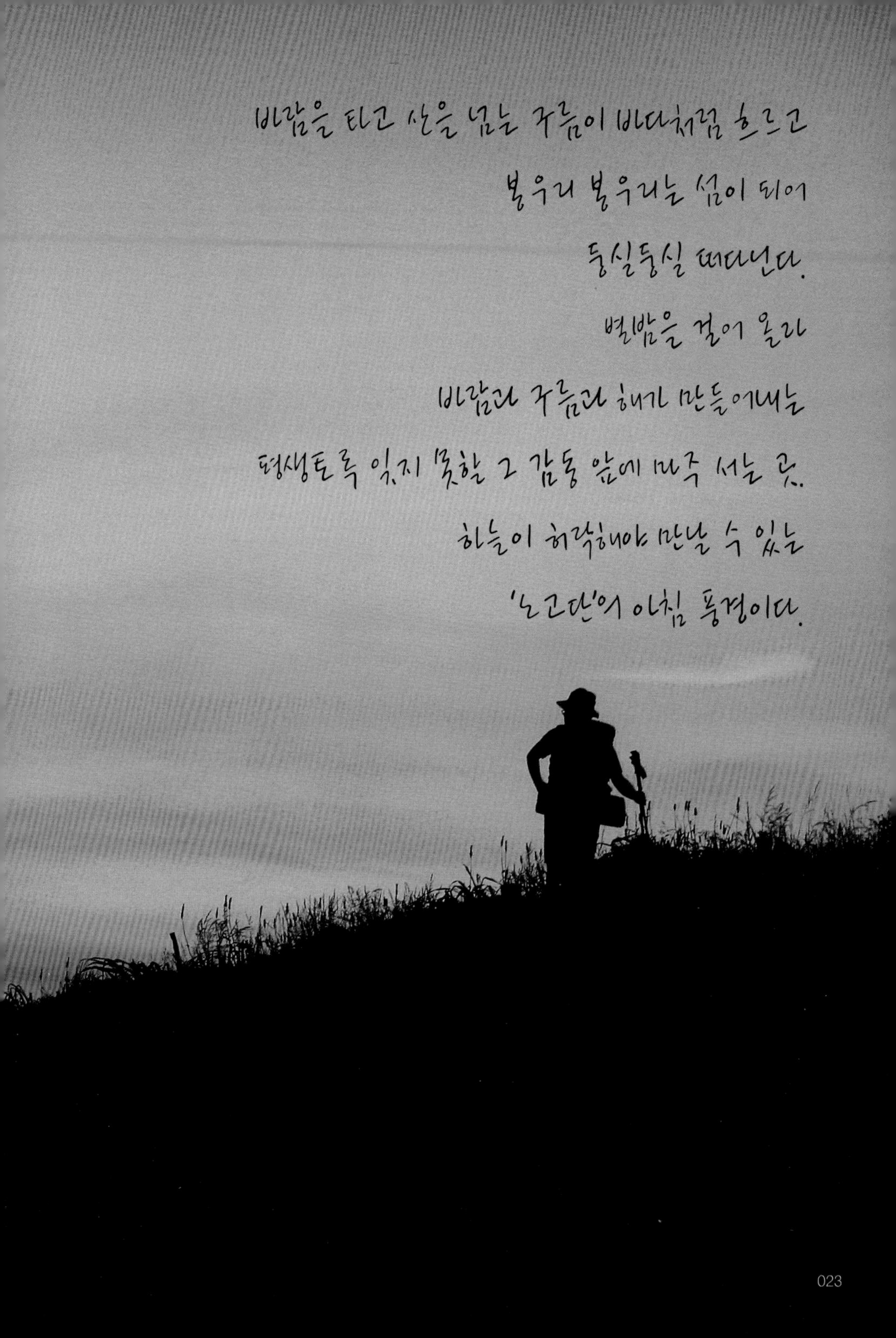

바람을 타고 산을 넘는 구름이 바다처럼 흐르고

봉우리 봉우리는 섬이 되어

둥실둥실 떠다닌다.

별밤을 걸어 올라

바람과 구름과 해가 만들어내는

평생토록 잊지 못할 그 감동 앞에 마주 서는 곳.

하늘이 허락해야 만날 수 있는

'노고단'의 아침 풍경이다.

죽기 전

세
랑
지

아슬아슬하게 운이 좋았다
단 30분밖에 볼 수 없는
우리나라 최고의 풍경.
단 30분 본 것만으로도 종일
내 마음을 설레게 한다.

봄(4월 초~중순)
AM 06:00

아슬아슬하게 운이 좋았다. 저번에 왔을 때만 해도 몇 번의 헛걸음을 제물로 바치고 난 후에야 간신히 본 세량지의 풍경을 올해는 단 한 번 만에 보게 되었다. 1년에 단 이틀, 아니 단 30분밖에 볼 수 없는 우리나라 최고의 풍경 중 하나. 단 30분 본 것만으로도 하루 종일 내 마음을 설레게 하는 전라남도 화순의 세량지다.

세량제라고도 불리는 세량지는 화순군에 있다. 차로 20여 분 거리에 나주가 있기 때문에 한번 시간을 내 여행할 만한 곳이다. 아침에 세량지에서 경치를 감상하고, 나주로 이동해 여행하는 코스다. 유명한 여행지와 체험을 즐기며 나주만의 개성 넘치는 먹거리로 배를 빵빵하게 채우면 웬만한 해외여행이 부럽지 않다. 물론 이 여행의 가치는 세량지에서의 아침이 어떤 모습이었느냐에 따라 갈릴 테다.

———

마음을 씻는다. 착한 사람만 볼 수 있는 풍경인가 싶을 정도로 쉽게 볼 수 없는 세량지의 경치 앞에 서면 마치 마음을 씻는 듯한 기분이 든다. 아침과 저녁에 얼굴을 씻으며 시작과 끝을 준비하듯이 매우 이른 아침의 세량지는 어제의 끝과 오늘의 시작을 위해 마음을 씻어준다. 이제 막 움트기 시작한 연두색의 싱그러운 수목들이 세량지를 둘러싸고 그 사이사이를 연분홍 산벚꽃이 수를 놓는다. 바람 한점 불지 않아 마치 거울처럼 보이는 저수지 수면 위에 수목과 산벚꽃의 모습이 그대로 반사되어 장관을 이룬다. 그리고 그 위에 화룡점정, 꼬마 신선들이 숨어 있을 법한 신비로운 물안개가 저수지 수면과 수목의 경계에 미동 하나 없이 고요히 자리 잡고 있다. 옆에서 열심히 셔터를 누르는 다른 여행객이 없었다면 그 풍경에 빠져 이곳이 천국인지 현실인지 분간하지 못했을 것이다. 천국이 있다면 이런 모습일까? 1년 중에 딱 한 번, 그리고도 단 30분만 허락되는, 현생에서 만날 수 있는 천국 같은 풍경이 흐른다. 온몸에 전율이 흐를 만큼 가슴 벅찬 감동을 주는 풍경이다. 몇 번의 실패 후에 만난 풍경이라 더욱 뭉클하다.

많은 사전 준비를 하고 자연이 허락해주는 운까지 얻어야만 경험할 수 있는 풍경이기에 한 번에 쉽게 성공하리라는 보장은 절대 못한다. 하지만 실패를 각오하고서라도 여러 번 거듭해 도전할 만한 가치가 있는 우리나라 최고의 풍경이다. 단 한 번의 성공으로 평생 잊지 못할 감동을 만날 수 있다.

우리나라 10대 비경 중 하나로 꼽아도 손색없는 세량지는 1969년에 농업용수를 공급하기 위해 만들어졌다. 처음에는 아름다운 구석이라곤 하나도 없는 곳이었지만 세

POINT

이번 여행의 핵심 포인트는 세량지의 연둣빛 신록과 어우러진 산벚꽃, 그리고 물안개가 피는 천국 같은 풍경이다. 연중 산벚꽃이 만개하는 시기는 단 7일, 동시에 물안개까지 황홀하게 피어날 확률까지 계산한다면 끽해봐야 연중 2~3일 정도라 할 수 있다. 결국 산벚꽃이 피는 시기에 온도와 습도, 기압, 날씨 바람 등의 지연조건이 모두 맞아야 만날 수 있다. 불행 중 다헹스러운 건 산벚꽃이 필 무렵이 밤낮 기온차가 큰 편이어서 다른 시기에 비해 물안개가 잘 핀다는 것이다. 나 역시 한 번 만에 성공한 것은 아니나, 여러 번 시도해도 아깝지 않을 만큼 그 풍경은 실로 황홀했다. 물안개 없는 세량지의 거울 같은 봄날의 반영은 연중 무려 7일이나 어렵지 않게 볼 수 있고, 그것만으로도 먼 길을 달려가도 아깝지 않은 풍경이다. 확률적으로 저수지의 물안개와 거울 같은 반영은 습도가 적당하고 전날 낮 기온과 당일 아침 기온 차이가 비교적 크고 바람이 불지 않아야 한다. 바람, 습도, 기온은 기상정보를 통해 미리 확인하고 출발하는 것이 좋다. 물안개는 해 뜨기 전 새벽 찬 기운을 맞고 피기 시작하니 늦어도 당일 일출 시간 30분 전에는 도착해야 한다.

월이 흐르면서 시간과 낭만이 더해졌다. 연두색 수목과 연분홍 산벚꽃의 하모니가 이곳의 가장 큰 특징이기 때문에 푸른 잎이 돋는 봄, 그것도 산벚꽃이 만개하는 4월 중순에 찾아야 한다. 산벚꽃은 약 5일간만 피는데, 그중에서도 가장 만개하는 날을 골라야 한다. 사전 공부와 준비만이 살길이다. 여기에 신비로운 아름다움을 한껏 더해주는 물안개와 거울 같은 저수지의 수면이 빠질 수 없다. 바람이 없고 습도가 높은 날, 특히 밤낮 기온차가 높은 날을 잘 골라 방문해야만 하루 종일 설렘으로 두근거리게 하는 세량지의 진짜 풍경을 만날 수 있다.

해가 떠오르면 물안개가 서서히 걷히면서 새 하루를 알린다. 이 모든 조건을 완벽하게 맞추려면 일출 1시간 전인 새벽 5시에 도착해야 한다. 그래야 천국의 풍경을 맘껏 즐기다 일출을 보며 감상을 마무리할 수 있다. 일출 순간까지 제대로 세량지의 경치를 즐길 수 있는 시간은 20~30분가량밖에 안 되기 때문에 1년에 딱 30분만 볼 수 있는 마법 같은 풍경이다.

어쩌면 보이지 않는 문이 있을 수도 있겠다는 생각을 한다. 꼬마 신선이 특별히 허락해준 사람만 신선들의 세량지로 통할 수 있도록 하는 아주 좁은 문이 있는 건 아닐까.

INFO ——————————

예약 여부 없음 **운영 기간** 없음 **운영 시간** 없음 **주차** 전라남도 화순군 화순읍 세량리 271-1 **주소** 전라남도 화순군 화순읍 세량리 91 **전화** 없음

하지만 이번 방문 때 보지 못했다고 해서 너무 실망하지는 말자. 세량지는 언제나 늘 거기에 있고, 당신이 가진 앞으로의 시간도 충분하니까.

PLUS ────────────────────────────────

· **영산포 유채꽃밭(나주)** 세량지 산벚꽃이 필 무렵이면 유채꽃도 만날 수 있는 시기다. 세량지에서 물안개를 봤다면 바로 이쪽으로 달려와야 한다. 운이 좋으면 영산강의 몽환적인 물안개와 유채꽃의 풍경도 함께 만날 수 있다.

· **전라남도 산림자원 연구소(나주)** 한적하고 길게 뻗은 메타세쿼이아 가로수길을 만날 수 있는 곳이다.

· **운주사(화순)** 천불 천탑의 비밀을 간직한 비밀스러운 사찰. 수많은 전설과 이야기를 간직하고 있는 매력적인 답사 여행지다.

천국이 있다면 이런 모습이 아닐까?
단 30분만 허락되는, 현생에서 만날 수 있는
천국 같은 풍경이 흐른다.
온몸에 전율이 흐를 만큼
가슴 벅찬 감동을 주는 세량지 봄 풍경이다.

온통 붉은색으로 칠해진
풍경 속에 각자가 또 하나의
풍경이 되어 프레임 안을 지나간다.

죽기 전

담
양
메
타
세
쿼
이
아

가을(11월 중순~말)
AM 07:00~09:00

사람들이 하나둘씩 걷는다. 이른 아침인데도 희뿌연 안개 속에서 각각의 표정을 하고 때로는 바쁘게, 때로는 한가하게 거니는 사람들. 온통 붉은색으로 칠해진 풍경 속에 각자가 또 하나의 풍경이 되어 프레임 안을 지나간다. 우리나라에서 단풍이 가장 늦게 물들고 가장 늦게 지는 담양 메타세쿼이아 길에는 '사람'이 있다.

———

국내 단풍이 모두 진 11월 중순 이후에야 본연의 단풍 색을 화려하게 드러내는, 조금 늦지만 늦어서 더 가치 있는 길이 있다. 전라남도 담양의 메타세쿼이아 가로수길이다. 주황색의 화려하면서도 어딘지 모르게 단아한 이중적인 빛으로 자기를 한껏 치장한 우람한 메타세쿼이아가 길 양옆으로 촘촘하게 늘어서 있다. 1년 중 딱 일주일만 볼 수 있는 이곳의 진면목을 제대로 느끼고 싶다면 조금은 이른 아침에 방문하는 게 좋다. 그날의 날씨에 따라 다르겠지만 이왕이면 안개가 희뿌옇게 가득 내리는 날이 좋다. 주황색과 붉은색의 낭만 가득한 향연 속에서 뿌옇게 자

리 잡은 안개는 낭만에 더해 몽환적인 매력까지 주기 때문이다.

이른 아침부터 안개가 서서히 걷히기 시작하는 오전까지 3시간가량 한자리에 서서 멍하니 풍경을 감상하고 있노라면 다른 여행지에서는 느끼기 어려운 감정이 찾아온다.

나는 가만히 홀로 서 있지만 시간은 흐르고 풍경도 흐른다. 흑백영화같이 아득하고 고요한 안개 속이었다가 어느덧 햇살이 비치면 붉게 물든 가로수와 안개 사이를 눈부신 빛이 사선으로 가른다. 마치 시간이 부리는 마법같이.

여기에 풍경의 아름다움에 대한 감상만이 아닌, '사람'의 아름다움에 대한 감정도 함께 묻어 있다. 이른 시간임에도 이곳을 찾는 사람들. 일터로 향하는 주변 동네 사람도 있고 특별한 경험을 위해 일부

INFO ————

메타세쿼이아랜드, 약 1.6km 구간 ^{스팟1}**주차** 전라남도 담양군 담양읍 학동리 585-9 또는 전라남도 담양군 담양읍 학동리 40-5 **주소** 전라남도 담양군 담양읍 학동리 633 일원
행정마을 입구에서 담양 방향, 약 3km 구간 ^{스팟2}**주차** 주차장 없음(도로변 노지 주차 가능 공간 있음) **주소** 전라남도 담양군 금성면 덕성리 352-2(행정마을 입구)

POINT ─────────

11월 중순 습도가 높은 날이면 안개가 잦은 구간이다. 밤낮 기온차가 클수록 더 좋다. 스폿 1은 메타세쿼이아랜드에서 관리하는데 가장 그림 같은 길이다. 사람 사는 일상 풍경과 빛 내림은 스폿 2가 좋다. 꼭 아침 안개가 내려앉은 메타세쿼이아 가로수길을 만나보길 바란다. 마치 꿈속 같은 길이다. 새로 난 고속 국도 말고 순창~담양 간 이어진 24번 국도 구도로를 꼭 달려보자. 달리는 내내 무려 약 10km가 메타세쿼이아 가로수길로 이어져 있다.

러 찾은 여행객도 있다. 다른 여행지처럼 많은 인파가 한꺼번에 몰리는 곳은 아니지만, 오히려 그렇기 때문에 드문드문 찾아오는 다양한 사람들의 이야기가 풍경에 녹아든다. 붉은색의 안개 낀 몽환의 거리를 저마다의 사연과 이야기로 오가는 사람들을 보고 있다 보면 현실인지 꿈인지, 저 사람들이 현실 속 사람들인지 내 상상 속 사람들인지 분간하기 어렵다. 그렇게 내면까지 붉은 단풍색으로 물들어간다. 마치 꿈길 같은 이곳, 담양 메타세쿼이아 길에서.

한 명 또는 여러 명의 사람들이 이 몽환의 단풍 숲을 지나는 동안 쉴 새 없이 카메라 셔터를 누르다 보니 어느새 완연한 한낮이 됐다. 안개가 아예 사라

PLUS

· **죽녹원** 대나무의 고장, 담양에
서 만나는 아름다운 대나무 숲이
다. 맞은편에 천 년 숲 관방제림과
국수거리가 있다.

· **소쇄원** 조선 민간 정원의 백미로
꼽히는 우리나라를 대표하는 원
림 중 하나로 봄, 여름 신록과 가을
단풍이 좋다. 참고로 식영정과 명
옥헌은 배롱나무꽃이 피는 여름이
좋다.

· **금성산성** 우리나라에서 가장 아
름다운 곡선미를 자랑하는 그림
같은 산성이다.

· **삼지천 마을** 수백 년 전 원형 그
대로의 돌담 길이 아름다운 전통
마을로 슬로시티(Slow City) 인
증을 받은 곳이다.

져버리고 본격적으로 활동을 시작한 사람들로 붐비
는 현실 속 단풍 숲은 아침의 그 길이 정말 꿈이었
나 싶게 만든다.

단풍밖에 볼거리가 없는 가로수길인데도 3시간
이 언제 지나갔나 싶을 정도로 나에게는 볼거리가
많은 곳이다. SD 카드에 가득 담은 꿈속 단풍 길과
그 길을 지나는 '사람'의 보습을 소중히 하며 다음
여행지로 출발한다.

흑백영화같이 아득하고 고요한 안개 속이었다가

어느덧 햇살이 비치면

붉게 물든 가로수와 안개 사이를 시선으로 가르며

내리는 눈부신 빛 내림.

마치 시간이 부리는 마법같이

하나씩 펼쳐지는 꿈같은 풍경.

담양 메타세쿼이아 가로수길의

가을 아침 풍경이다.

일부러 그린 그림이 아니라면
있을 수 없는 풍경이다.
실재하지만 실재하지 않는
아름다움인 것이다.

죽기 전

옥
정
호

봄
AM 05:00 *5월 일출 시간 기준

사무실 한편에 걸어놓은 액자가 있다. 지금까지 여행하며 찍은 사진 중 가장 마음에 드는 사진을 누구든 우리 사무실을 방문하는 사람이라면 볼 수 있도록 걸어놓았다. 그런데 여행 중에 찍은 사진이라는 걸 믿는 사람이 없다. 모두 처음에는 그림을 걸어놓은 줄 안다. 너무 비현실적으로 아름다운 사진이기에, 일부러 그린 그림이 아니라면 있을 수 없는 풍경이기에 그렇다. 이렇듯 직접 보기 전까진 옥정호의 아름다움을 믿는 사람은 드물다. 실재하지만 실재하지 않는 아름다움인 것이다.

이른 아침에 카메라 장비를 챙겨 산을 올랐다. 옥정호를 여행하기 좋은 계절은 완연한 봄에서 여름이 시작되기 전, 월로 따지자면 5월 초에서 6월 말쯤. 주차장에서 차를 세워 15분가량 가파른 계단을 쉴 틈 없이 걸어 오르는 길. 밤새 먼 길을 차로 달려와 무거운 카메라 장비를 짊어지고 새벽 산행을 하는 것이 그리 쉬운 일은 아니다. 좋아서 하는 여행이고 누구보다 즐기는 일이지만, 아주 가끔 찾아오는 순간의 갈등이 아예 없지는 않다. 그럼에도 묵묵히 스스로를 독려하며 산을 오르는 건 그 위에 모든 갈등과 피곤함을 덮을 아름다움이 있다는

걸 알기 때문이다.

전라북도 임실 옥정호. 섬진강댐을 만들면서 생긴 거대한 인공 호수다. 이 호수의 진면목을 보려면 아주 높은 곳으로 올라야 한다. 바로 국사봉전망대다. 전망대에서 차오르는 숨을 진정시키고 있으면 어느새 어둠이 걷히고 옥정호의 거대한 모습이 안개 속에서 서서히 드러나기 시작한다. 압도하는 거대함, 웅장한 아름다움. 그리고 눈을 믿지 못할 만큼 극도의 비현실적인 풍경이 눈앞에 안개 속에서 펼쳐진다. 산 능선에 둘러싸인 거대한 옥정호의 모습에 한번 놀라고, 그 호수 위로 그림같이 떠 있는 섬의 모

INFO

예약 여부 없음 **운영 기간** 없음
운영 시간 없음 **입장 마감** 없음
주차 전라북도 임실군 운암면 입
석리 산32-9 **주소** 전라북도 임
실군 운암면 입석리 산44-10(전
망대 포인트)

습에 또 한번 놀란다.

하루 중 옥정호가 가장 아름다운 순간은 바로 여명이 시작될 무렵이다. 정적인 섬이 드라마틱하게 동적인 풍경으로 변하는 시간이다. 안개가 구름인 듯 바람을 타며 흐르다 흩어지고, 물안개가 투명한 호수 위로 미끄러지듯 피어오른다. 여기에 하루 중 가장 따뜻한 색온도를 띠는 일출 무렵의 태양이 호수 위 풍경을 포근하게 감쌀 때, 비로소 영화 같은 풍경은 최고의 클라이맥스를 이룬다. 골든 타임! 일출 직전부터 딱 30분에서 1시간. 바로 이 모든 풍경이 마치 영화처럼 살아 움직이는 시간이다. 이 골든 타임이 지나면 언제 그랬냐는 듯 여명도 안개도 구름도 모두 떠나버리고 다시 호수와 섬만 남겨진다. 거울같이 잔잔한 호수에 비치는 붕어섬의 반영으로 엔딩을 맞는다.

옥정호는 경치 자체로도 매우 아름답고 가치 있지만, 그런 옥정호를 더 유명하게 만든 게 바로

POINT

사계절 언제든 좋은 곳이다. 다만 가장 아름답고 동화 같은 풍경을 만난 건 5~6월 아침이었다. 겨울 설경도 무척 아름다운 곳이다. 일출 직전부터 딱 30분에서 1시간, 그 골든 타임이 빛과 공기의 변화에 따라 살아 움직이는 붕어섬의 환상적인 풍경을 만날 수 있는 시간이다. 운이 좋으면 안개와 운해가 흐르는 황홀하고 비현실적인 풍경을 마주할 수 있다. 밤낮 기온차가 크고 습도가 비교적 높은 날 찾아가는 게 유리하다. 5월경에 그런 날이 많은 편이다. 그리고 5월의 빛깔이 가장 곱다. 제대로 된 붕어의 모습을 보려면 호수의 수위가 적당해야 하는데, 너무 가물거나 반대로 비가 많이 내릴 때, 예를 들어 이앙기나 장마 때는 피하는 게 좋다. 보통 이앙기가 6월 초~중순이니 이 시기는 피하는 게 좋고, 비가 많은 시기도 피하는 게 좋다. 가장 아름다운 순간의 옥정호를 만나려면 5월 일출 시간 30분 전에는 주차장에 도착해야 한다. 주차장에서 전망대까지는 도보로 15분 정도 걸린다.

이 섬이다. 옥정호 한가운데에 유유히 떠 있는 붕어 모양을
한 섬. 그 모습 때문에 일명 '붕어섬'으로 불린다. 그림으로 그
려놓지 않은 이상, 이런 섬이 과연 존재할 수 있을까 싶을 정
도로 붕어의 모습을 정교하게 닮았다. 신이 있다면 마치 신
이 그려놓은 듯, 한 치의 오차도 없다. 그렇기에 이곳이 사람

이 만든 인공 호수가 '어쩌다' 붕어 모양을 띠게 된 섬이라는 사실을 떠올릴 때마다 무언가에 홀린 것처럼 놀랍다. 그만큼 보고도 믿기지 않을 정도로 신기하고 비현실적일 만큼 아름답다.

　지금까지 계절을 가리지 않고 마음을 씻고 싶을 때, 자연의 웅장함에 기대고 싶을 때마다 여러 번 다녀온 곳이지만, 가장 아름다운 시기는 완연한 봄빛이 드는 5월부터 6월 초까지였던 것 같다. 계절로 따지면 늦봄에서 초여름 사이랄까. 특히 제대로 된 붕어섬의 모습을 보려면 호수의 수위가 적당한 시기에 가야 한다. 너무 가물거나 반대로 비가 많이 내릴 때, 이를테면 이앙기나 장마 때는 피하는 것이 좋다. 대부분이 그렇듯 이곳 역시 해 뜰 무렵이 가장 멋있고 신비로운데, 이른 아침 해가 뜨기 직전에 가면 아침 기압으로 인한 신비스러운 운무, 아름다운 여명과 일출을 동시에 볼 수 있다.

PLUS ——————————————————————————

· **옥정호 출렁다리** 멀리서만 바라보았던 붕어섬으로 가는 출렁다리가 2022년 개통되었다. 그 때문에 그 이전 서정적이고 신비로웠던 붕어섬의 모습은 덜하게 된 것이 안타까운 일이기는 하다. 이전에는 봄날 붕어섬에 있던 민가에서 피어나는 아침 굴뚝 연기가 참 아름답고 인상적이었다. 이제는 건너가지 못했던 미지의 섬으로 건너갈 수 있게 된 데 만족해야 할 것 같다. 출렁다리가 놓이고 옥정호는 생태 공원으로 조성되었는데, 5월에 찾으면 아름다운 작약꽃밭을 만날 수 있다. 운암면 운종리에 있는 작약꽃밭도 유명하다.

· **섬진강 시인의 길** 섬진강 시인이라 불리는 김용택 시인이 자주 거닐며 시상을 떠올렸던 곳이다. 시인의 마음으로 아름다운 섬진강변을 거닐며 산책할 수 있다. 임실김용택시인문학관에서 강변사리마을까지 3.5km 구간이 걷기 좋은 길이다. 지금은 포장되어 있어 차로 달려도 좋다.

· **구담마을과 요강바위** 영화 〈아름다운 시절〉 촬영지인 서정적 풍경을 만날 수 있는 구담마을의 구담정과 가까운 순창의 장군목 요강바위가 풍경이 좋다.

안개가 구름인 듯 바람을 타다가 흐르다 흩어지면
어느새 거울같이 잔잔한 호수가 펼쳐진다.
그 위로 마치 그림을 그려 넣은 듯
'붕어섬'의 신비로운 풍경이 내려앉아 있다.

주왕산에 아직
잘 알려지지 않은 숨겨진
가을 비경이 있다.

죽기 전

절
골
계
곡

가을(10월 말)
AM 09:00

가을이면 인산인해를 이루는 가을 명소, 주왕산에 아직 잘
알려지지 않은 숨겨진 가을 비경이 있다. 많은 사람들이 찾
는 유명한 주산지에서 걸어서 갈 수 있을 정도로 가까운 곳
에 숨어 있는 절골계곡이다.

산이 주황색으로 물드는 계절이 오면 언제나 많은 사람
들로 붐비는 주왕산. 산속에 위치한 주산지가 영화 〈봄 여
름 가을 겨울 그리고 봄〉 촬영지로 알려지면서 매해 많은
관광객들이 찾는다. 단풍 방문객에게 인사라도 하는 것처
럼 돌산 곳곳을 황홀한 다홍색으로 물들인 가을 경치가 가

을바람에 화려하게 흩날린다. 특히 물속에 뿌리를 내린 왕버들과 거울처럼 주변 풍경을 녹이는 경치가 매우 아름답기로 소문난 주산지는 유명세를 뽐내기라도 하듯 방문객의 발길을 붙잡는다.

그런데 이곳 경상북도 청송 주왕산에 아직 많은 이가 모르는 숨겨진 가을 비경이 있다. 많은 사람들로 떠들썩한 주산지 바로 옆에서 고요한 아름다움을 자랑하며 홀로 묵묵히 가을을 지키는 절골계곡이다. 주산지에서 걸어서 이동할 수 있을 정도로 아주 가깝지만 대부분의 사람들이 그

냥 지나쳐 돌아간다. 찾는 이는 없지만, 그래도 절골은 언
제 올지 모를 가을 방문객을 위해 언제나 수려한 단풍 옷
을 꺼내 입고 기다리고 있다. '숨길 비(祕)' 자를 쓰는 비경
이라는 단어에 가장 잘 맞는 곳이다. 단어 뜻 그대로 아직
누구에게도 알려지지 않은, 숨겨진 신비로운 가을 경치를
품고 있다.

INFO ─────────

예약 여부 없음 **운영 기간** 없음 **운영 시간** 입산 시작 시간 하절기 04:00, 동절기 05:00 **입장 마감** 입산 마감 시간 하절
기 16:00, 동절기 15:00 **주차** 경상북도 청송군 주왕산면 주산지길 121-170 **주소** 경상북도 청송군 주왕산면 주산지길
121-170 **전화** 0507-1366-0042(주왕산국립공원사무소 절골분소)

깎아지른 협곡 사이로 흐르는 계곡이 가을빛으로 물드는 시기가 되면 국내 어디에서도 만날 수 없는 특별한 절경이 된다. 많이 알려지지 않았기에 아직은 여유롭게 혼자 감상할 수 있어 좋다. 이른 아침의 주산지를 먼저 보고 바로 이곳 절골계곡으로 이동하는 순서가 가장 좋다. 풀코스는 등산을 해야 하는 힘든 코스니 절골탐방지원센터를 시작으로 편도로 딱 1시간 정도만 걸어갔다 다시 내려오는 코스(편도 2~3km 구간)를 추천한다. 절골의 가장 아름다운 풍경이 이 구간에 모두 담겨 있다.

주산지도 우리나라에서 손꼽히는 곳이지만 10여 년 전부터 시즌마다 너무 많은 사람들이 찾는다. 고요하고 잔

잔해서 신비롭고 감동적이던 그 시절의 주산지는 사라진 지 오래다. 그래서인지 이제 주산지로는 발걸음이 잘 가지 않는다. 지금은 절골을 보러 간 김에 주산지를 찾는다.

POINT

입구 주차장이 많이 협소하다(15대 정도만 가능). 이른 시간에 도착하면 주차가 가능하지만, 주차 공간이 부족할 경우 주산지 주차장을 이용하고 걸어가야 한다. 주산지 주차장에서 절골 입구까지는 약 1.2km 거리다. 절골 입구에서 대문다리까지 3.5km 구간이 평지에 가깝게 길이 좋고 가장 아름다운 협곡 길이다. 대문다리부터 본격적으로 등산로가 시작된다. 등산이 목적이 아니라면 여기까지만 다녀오면 충분하다. 명불허전의 절경 주산지도 함께 만나보길 추천한다.

10월 말, 가을이 문을 두드릴 때 가장 먼저 절골계곡
으로 가자. 찾는 이 없어도 언제나 같은 자리에서 최고의
가을을 준비하고 기다려준 절골에 인사를 건네자.

PLUS

· **주산지** 주산지의 가을 아침 풍경은 실로 아름답다. 다만 너무 잘 알려진 곳이라 골든 타임에는 수많은 사진작가와 관광
객으로 인산인해를 이루기도 한다. 하지만 명불허전이니 거기까지 갔다면 꼭 들러야 할 명소다. 가을 단풍이 절정을 이루
고, 아침 물안개가 필 무렵 햇빛이 사선으로 비치는 순간이 가장 환상적이다.

· **주왕산** 대전사 입구부터 용연폭포 구간까지 좋으며, 그중 용추폭포의 풍경이 가장 압권을 이룬다. 많이 걷는 게 부담
된다면 용추폭포까지만 다녀와도 충분하다. 기암절벽과 단풍이 어우러진 풍경이 절경을 이루어 국내에서도 손에 꼽는
단풍 명소라 성수기에는 수많은 인파가 몰리니 진면목을 보려면 아주 이른 시간에 찾아가야 한다.

깊은 산 깎아지른 협곡,

그 깊은 적막함 속에 숨어들어

흐르고 묵묵히 흘러가고 눈부신 가을빛을 품는다.

흘치만 않고 밝은 숨겨진 가을 비경,

'절곤계곡'이다.

시간 여행을 하듯
1억 4,000만 년 전의 모습을
만날 수 있는 곳.

죽기 전

우
포
늪

봄, 여름, 가을, 겨울
일출 시간 전후

봄, 여름, 가을, 겨울, 사계절 언제 가도 항상 최고의 자연을 볼 수 있는 곳, 우포늪. 약 1억 4,000만 년 전에 형성된 이곳은 아직까지 태고의 신비로운 자연의 모습을 그대로 간직하고 있다. 말하자면 시간 여행을 하듯 1억 4,000만 년 전 모습을 만날 수 있는 곳이다.

꽃이 피는 계절이든, 초록이 우거지는 계절이든, 눈이 내리는 계절이든 언제나 아름다운 풍경을 볼 수 있고 새벽에 가

든, 낮에 가든 최고의 자연경관을 볼 수 있지만, 그중에서도 하나를 꼽으라면 단연 새벽 6시에서 7시 30분 사이에 만날 수 있는 신비로운 일출 시간대다. 그 고요함 속에 퍼지는 풀벌레 소리, 새소리, 물소리, 바람 소리 등 태곳적 자연의 소리를 만나고, 운이 좋으면 신비로운 안개로 덮인 원시 모습 그대로의 풍경을 만날 수 있기 때문이다.

특히 우포늪에서 가장 아름다운 곳이자 진짜 자연을 만날

수 있는 사초군락지에서는 계절마다 다르겠지만, 아침 6~7 시 무렵에 천국같이 황홀한 일출을 감상할 수 있다. 우포 여행의 관문인 우포생태관 주차장에서 전망대 길을 따라 20여 분만 걸으면 만날 수 있다. 원래 사진작가들 사이에서도 일출 시간대는 일몰 시간대와 더불어 장소를 불문하고 가장 사진이 아름다운 '매직 아워'로 불리지만, 그중에서도 이곳 사초군락지에서의 일출은 여타 여행지 중에서도 가히 최고의 일출이다. 서서히 밝아지는 아침의 빛이 굉장히 아름답다. 특히 일교차가 심한 환절기에 찾으면 신비스럽고 황홀한 물안개와 어우러진 일출을 만날 수 있다.

　　우포늪은 어느 한 곳만 보고 돌아가기엔 많이 아까운 곳이다. 꼭 시간을 내 입구에 설치된 안내 지도에 그려진 파란색 라인을 따라 약 8.4km 구간의 우포늪 생명길을 천천히 둘러보기를 바란다.

우포늪 생명길
총 길이 8.4km의 둘레길로 우포늪을 에워싸며 태고의 자연을 간직하고 있다. 우포늪 여행의 시작이라고 할 수 있는 우포늪생태관에서 시계 방향으로 천천히 트레킹을 시작한다. 1억 4,000만 년 전에 형성된 원시 저층 늪인 우포늪의 모습을 하나도 놓치는 것 없이 만끽할 수 있다. 대한민국의 람사르 습지로 불리며 세계 습지 보전 지역으로 지정된 우포늪의 길을 걸으면 자연의 위대함과 시간의 영원성에 다시 한번 감탄을 쏟아내게 된다.

<u>전망대 길</u> 우포늪의 생태관을 지나 멋스러운 포플러나무가

줄지어 서 있는 길로 따라 걸으면 전망대를 만날 수 있다. 우포 늪을 만나는 관문이다.

사초군락지 우포에서 가장 아름다운 오솔길을 걸으며, 가장 아름다운 우포의 속살을 만날 수 있는 곳이다. 언제 찾든 시간의 흐름과 계절의 변화에 따른 아름다운 풍경을 볼 수 있지만, 특히 황홀한 물안개와 일출을 볼 수 있는 이른 아침 시간대를 추천한다. 특히 자줏빛 자운영이 내려앉은 신록 가득한 봄(4월 말~5월 초)과 황금빛 물억새를 만나는 가을이 가장 아름답다.

목포제방 목포늪과 우포늪을 가로지르는 제방 길이다. 닮은 듯 다른 모습의 두 늪을 비교하며 걸을 수 있다.

쪽배나루터 소목나루터라고도 불린다. 우포의 생태를 해치지 않는 전통적인 어로 활동으로 대를 이어온 우포의 어부들이 이용하는 나루터다. 이른 아침에는 쪽배를 타고 고기를 건지러 나가는 어부들의 모습을 볼 수 있다. 신비로운 우포의 풍경 속 나루터에 떠 있는 쪽배의 모습이 서정적인 감상을 자아낸다. 초록빛 수초가 늪을 가득 뒤덮는 여름이 가장 신비롭다.

주매제방 아카시아 가로수를 만나는 제방 길로, 아카시아 꽃향기가 가득한 계절(5~6월)에 찾으면 꽃향기 속에서 신비로운 시간을 경험할 수 있다.

사지포제방 사지포늪과 우포늪을 가로지르는 제방 길. 이곳에서 바라보는 우포 습지의 모습은 사람의 손길을 타지 않은 날것 그대로, 자연 그대로의 모습이다. 순도 100%의 우포늪을 볼 수 있는 길.

대대제방 대대들과 우포늪의 경계를 이루는 제방 길이다. 이 제방 길을 사이에 두고, 사람들이 터전을 이루고 살아가는 대대들과 태곳적 자연이 그대로 보존된 우포 습지가 마주하고 있다. 마치 뒤를 돌면 몇억 년의 시간을 루프해 돌아간 듯 묘한 기분이 든다.

INFO

예약 여부 없음 **운영 기간** 없음 (철새가 많은 지역이라 AI가 확산되는 시기에는 철새 보호를 위해 출입이 통제될 수 있음) **운영 시간** 없음 **입장 마감** 없음 **주차** 우포늪생태관 경상남도 창녕군 유어면 세진리 252-1 사초군락지 징검다리 경상남도 창녕군 이방면 옥천리 541 소목마을 화장실 경상남도 창녕군 이방면 안리 1530 소목마을 쪽배 나루터& 주매제방 경상남도 창녕군 이방면 안리 1492-2 **주소** 경상남도 창녕군 유어면 우포늪길 220(우포늪생태관) **전화** 055-530-2121

우포늪은 사계절의 다양한 모습을 담고 싶어 여러 차례 방문한 곳이다. 시간대도 제각각이었기 때문에 결코 쉽고 편한 여행이 아니었지만, 단 한 번도 싫증이 나거나 미루고 싶었던 적은 없다. 그만큼 우포늪은 언제, 몇 번을 가도 새로운 자연의 모습 앞에 가슴이 설레는 곳이다.

POINT

내비게이션에 '우포늪'을 검색하면 우포늪생태관으로 목적지가 설정된다. 그래서 많은 여행자들이 생태관과 전망대, 대대제방만 보고 온다. 하지만 진짜 우포늪은 천국 같은 황홀한 풍경이 있는 '사초군락지'에 있다. 우포늪 생명길 8.4km를 돌아보는 걸 추천하지만 부담스럽다면 사초군락지까지는 꼭 만나보자. 사초군락지(징검다리 입구)와 소목마을 쪽배 나루터는 차로도 접근할 수 있다. 우포의 일출 포인트는 사초군락지 징검다리 뒤편 언덕으로 오르는 길이다. 거기서 2분 정도만 오르면 된다. 사초군락지 일출을 만나고 싶으면 차로 사초군락지까지 바로 가면 된다. 물안개가 피는 신비로운 우포를 만나려면 밤낮 기온차가 심하고 습도가 비교적 높은 날 이른 아침에 찾는 것이 확률이 높다. 물안개와 일출을 동시에 만나는 포인트가 바로 사초군락지다. 차를 타고 사초군락지로 바로 가면 된다. 징검다리 뒤편 언덕에 올라 일출을 감상하고 나서 징검다리를 건너 물안개 가득한 사초군락지 사이로 나 있는 오솔길을 거닐면 천국이 따로 없다. 참고로 우포늪은 우포, 목포, 사지포, 쪽지벌 등 4개의 늪으로 이루어져 있다. 목포늪 쪽은 왕버들 군락지와 수초를 만나기 좋은 곳으로 여름에 가면 좋고 차로 접근하기 좋다. 해 질 무렵의 일몰은 주매제방 쪽이 좋다.

PLUS

· **화왕산** 가을 억새의 물결을 만나는 화왕산은 실로 아름답다. 등산에 자신이 있다면 화왕산 억새능선에 꼭 올라보는 걸 추천한다. 가을에는 억새가 아름답고 봄에는 진달래 군락이 아름답다. 화왕산을 오르는 가장 단거리 코스는 창녕여자고등학교 근처에서 시작하는 자하곡2등산로 코스다.

· **남지 유채꽃** 봄에 창녕을 찾는다면 아름다운 낙동강 물길을 따라 만나는 약 1,090,909㎡(33만 평)의 남지 유채꽃밭을 추천한다. 남지에서 열리는 창녕낙동강유채축제는 매년 4월에 개최된다.

마치 시간 여행을 하듯
1억 4,000만 년 전 그때 그 태고의 풍경 속을 걷는다.
흐르는 시간과 계절에 멈춰 선 풍경들.
그 고요함 속에서 숨 쉬고 있는
진짜 자연을 만나는 곳, '우포늪'이다.

충청북도 괴산에는 해가 막 뜨기 시작할 무렵에 찾으면
평생 동안 잊지 못할 풍경을 볼 수 있는 곳이 있다.

죽기 전

문광저수지

가을
(10월 말~11월 초)
일출 직전~일출 직후 1~2시간

충청북도 괴산에는 해가 막 뜨기 시작할 무렵에 찾으면 평생 잊지 못할 풍경을 볼 수 있는 곳이 있다. 아직 많이 유명해지지 않아 조금은 여유롭고 한적하게 시간을 보낼 수 있는 곳. 바로 문광저수지다.

은행나무가 빼곡히 들어선 가로수길 옆에 잔잔히 흐르는 저수지가 자리한다. 얼핏 가을마다 흔히 볼 수 있는 평범한 은행나무 길처럼 보이지만, 일출 직전 아주 이른 시간에 찾으면 황홀함을 넘어 가슴이 뭉클해지는 풍경을 목격할 수 있다. 마치 누군가의 눈에 띌까 머뭇거리는 조심성 많은 신선과 선녀의 놀이 같다. 사람이 적은 이른 아침, 동이 틀 무렵에만 잠시 나타나는 신비로운 풍경을 보면서 황홀경에 빠져본다. 이 풍경 하나만으로 이곳은 꼭 물안개가 피는 이른 아침에 찾아가야 한다. 괜한 여유를 부려 남들 다 가는 낮에 찾는다면, 어디에서든 볼 수 있는 흔하디흔한 가로수길에 실망만 하고 돌아올지 모른다.

그 황홀경에 도취되어버린 탓에 한번 이곳을 찾은 후로 지금도 생각이 날 때마다 가을이 되면 이곳을 찾는다. 10월이 거의 끝나가는 오늘, 역시 신선의 자비를 받기 위해 새벽같이 준비해 길을 떠났다. 일출 직전에 가까스로 도착해 여유롭게 짐을 풀고 자리를 잡아 풍경을 감상할 준비를 끝낸다. 이곳의 아침 풍경이 특별한 건 저수지에서 피어오르는 물안개 덕분이다. 아직 가을인데도 공기가 차갑다. 온도계를 보니 2℃에 가깝다. 때 모르고 뿜어져 나오는 입김을 한없이 눌러 담으며 카메라를 꺼내 든다. 예상보다 추운 날씨에 몸이 조금 움츠러들지만, 오히려 추워서 더 마음이 놓인다. 추운 만큼 물안개는 만개할 것이다.

이곳을 우리나라 최고의 은행나무 가로수길이라고 부를 수 있는 건 바로 옆에 저수지가 있기 때문이다. 전국에 은행나무로 둘러싸인 가로수길은 많지만, 여기처럼 저수지와 붙어 있는 경우는 거의 없다. 그렇기 때문에 은행나무가 만개하는 가을날, 저수지 위로 물안개가 피는 이른 아침에 찾으면 국내 최고의 가

INFO ────

예약 여부 없음 **운영 기간**
없음 **운영 시간** 없음 **입장
마감** 없음 **주차** 충청북도
괴산군 문광면 양곡리 67-
13 **주소** 충청북도 괴산군
문광면 양곡리 65-3 **전화**
없음

POINT ────

우리나라에는 은행나무 가로수길과 숲이 많다. 그중 이곳을 최고로 꼽은 건 은행잎이
곱게 물들 무렵 저수지에서 피어나는 물안개가 시즌을 같이해 꿈속같이 황홀한 풍경
을 연출하기 때문이다. 해가 뜨고 이내 물안개가 걷히고 나면 여느 은행나무 가로수길
과 다름없는 흔한 풍경이 되어버리지만, 물안개가 잠시 머물다 간 그 짧은 순간이 강렬
하고 긴 여운으로 남는다. 은행나무 가로수길 사이로 춤을 추듯 흐르는 물안개를 만나
는 그 감동은 오직 이곳에서, 오직 가을 이른 아침에만 만날 수 있다. 밤낮 기온차가 심
하고 습도가 비교적 높은 날 이른 아침에 찾으면 확률이 높다. 아침 최저기온이 낮을수
록 더 높은 확률로 물안개를 만날 수 있다.

을 풍경을 볼 수 있다. 정말 다행스럽게도 은행잎이 노랗게 물들 무렵이 안개가 자주 피는 시기여서 조금만 부지런을 떨기만 해도 물안개 핀 신비로운 가을 비경을 쉽게 만날 수 있다. 저수지에서 피어난 물안개가 바람을 타고 흘러 노오란 옷을 입고 줄지어 늘어선 은행나무들의 행렬 사이로 춤을 추듯 흐르는 풍경은 정말 황홀하기 그지없을 만큼 아름답다.

10월 말에 시작된 이 비경 시즌은 11월 초까지, 일주일가량 지속된다. 1년 중 딱 일주일. 몽환적인 물안개와 춤추듯 흐르는 은행잎의 환상적인 비경에 기꺼이 젖는다.

PLUS ———

· **수옥폭포, 수옥정** 수옥정과 어우러진 20m 높이의 웅장한 폭포가 아름다운 곳이다. 아직 많이 알려지지 않아 가을에 찾으면 한적하게 만추의 낭만을 느낄 수 있다.

· **문경새재** 누구나 한 번쯤 가보았음직한 명소지만 가을 단풍이 아름다운 곳이라는 사실을 아직 모르는 이가 많다. 등산이 아닌 트레킹 코스로 가을 단풍을 만끽할 수 있는 곳으로는 국내에서 손에 꼽을 만하다. 입구에서부터 조령 제2관문까지 약 3km 구간까지가 걷기에 적당하고 좋다.

노오란 옷을 입고 줄지어 늘어선 은행나무들의 행렬 사이로
물안개가 바람을 타고 들어와 춤을 추듯 맴돌이 흐른다.
꿈같이 황홀한 '꼬랑저수지'의 가을 아침 풍경이다.

수많은 사진작가 사이에서
은하수의 중심으로 불리는 곳이 있다.
은하수를 맘껏 감상할 수 있는 곳.

죽기 전

황
매
산

봄(4월 말~5월 중순)
AM 01:00~07:00

대한민국에도 은하수를 볼 수 있는 곳이 있다. 많지는 않지만 때와 조건만 잘 맞추면 해외 유명 여행지 부럽지 않게 은하수를 맘껏 감상할 수 있는 곳이 몇 군데는 된다. 그중 가장 많은 여행자의 사랑을 받고 수많은 사진작가 사이에서 '은하수의 중심'으로 불리는 곳이 있다. 바로 합천 황매산이다.

자정이 조금 지난, 새벽이 채 되지도 않은 이른 시간 (어쩌면 늦은 시간이라고 표현해야 할지도 모르겠다)에 내가 챙길 수 있는 가장 최대한의 촬영 장비를 모두 챙겨 집을 나섰다. 경상남도 합천에 위치한 황매산까지는 거리가 있어 지금 출발해 차를 몰아도 새벽 2시쯤에나 가까스로 도착할 수 있다. 봄에서 여름으로 변하고 있는 이 시기에 최고의 은하수를 볼 수 있는 시간은 자정부터 새벽 3시까지의 시간뿐. 너무 늦게 나온 건 아닌가 하는 자책을 하며 길을 재촉한다.

황매산은 가기 전과 가고 난 후가 확연히 다른 여행지다. 쉽지만은 않은 시간대에 떠나는 야간 산행인 만큼 가기 전엔 매번 망설여지지만, 막상 도착하고 나면 욕심을 내 잔뜩 준비해 온 촬영 장비가 짐처럼 느껴지지 않을 정도로 여행하는 순간에는 즐겁고 설렌다. 여행을 마치고 나면 얼마 동안은 계속 생각나기까지 하니, 피곤한 일정이긴 하지만 그럼에도 꼭 한번은 다녀와야 하는 곳이 분명하다. 한마디로 수고가 전혀 아깝지 않은 아름다운 곳이다.

차로 정상 부근까지 오른 후 본격적으로 장비를 꺼내 촬영 준비를 했다. 5월인데도 체감은 영하 날씨다. 준비해 온 겨울 롱패딩을 입고 여행을 시작하니, 어디가 하늘과 땅의 경계선인지 모를 만큼 머리 위 밤하늘 가득 은하수가 흘러내린다. 국내에서 손꼽히는 은하수 여행 명소라는 타이틀이 너무 겸손한 것이 아닌가 싶을 정도다. 처음 방문하는 곳이 아님에도, 내년 봄에도 꼭 다시 와야지 하고 '봄 버킷 리스트'에 적고 마는 곳이다. 내게로 쏟아지듯 영롱하게 흐르는 은하수를 보고 있다 보면 어느새 시간이 멈춰버린다.

황매산은 인근에 도시가 없어 인공조명으로부터 차단되어 있다. 환하면 별이 잘 보이지 않듯 주변에 빛이 없어야 은하수를 제대로 볼 수 있다. 그런 점에서 황매산은 은하수를 감상하기에 가장 좋은 장소다. 다양하게 뻗어 있는 능선들도 수려한 은하수 풍경에 한몫한다.

　　최고의 은하수를 감상할 수 있는 조건은 사실 이보다 더 까
다롭다. 먼저 인공조명 외에 달빛 같은 자연스러운 빛도 없어
야 한다. 이런 것을 빛 공해, 즉 '광해'라고 하는데, 최고의 은
하수를 보기 위해선 광해가 되도록 차단되어야 한다. 따라서
달빛도 신경 써야 한다. 보름달보다는 그믐달에 가까운 날에
방문하는 것이 좋고, 낮에 달이 떠 밤에는 지구 반대편에 달이
위치하는 시기가 최적기라고 할 수 있다. 참고로 '월출 시간'
이라고 검색하면 달이 뜨고 지는 시간을 쉽게 확인할 수 있다.

또 시기도 중요하다. 우리나라는 위치상 지구의 북반구에 위치하기 때문에 은하수의 중심부가 어두운 밤하늘에 떠 있는 시기는 하절기다. 그래서 하절기에만 육안으로 볼 수 있다. 은하수의 위치는 계절마다 달라지기 때문에 방문하기 전에 은하수를 볼 수 있는지 꼭 확인하고 가야 한다. 봄에는 새벽녘에, 여름에는 밤에, 가을에는 이른 저녁에, 겨울에는 낮에 우리의 하늘이 은하수 중심부를 향하게 된다. 결국 은하수를 제대로 볼 수 있는 건 가을 전, 특히 여름 전후라고 할 수 있다. 월로 따지면 4월부터 10월까지다. 이 시기에 미세 먼지가 적고 습도가 낮은 날을 골라 황매산을 올라보자. 출발 전 기상청 홈페이지에서 이 지역의 기상과 일기도를 미리 확인하면 더욱 정확하다. 하늘이 완전히 깨끗해야 실패할 확률이 적다. 조금은 수고롭더라도 약간의 준비를 거쳐 출발하면 평생 잊지 못할, 별이 쏟아지는 낭만적인 은하수의 밤을 만나게 될 것이다.

황매산은 해발 1,000m가 넘는 산 능선으로 이루어져 있다. 이 능선 위로 무수한 별들이 밤하늘을 수놓고, 하늘 아래에는 진분홍 철쭉꽃이 능선을 따라 땅을 화려하게 수놓는다. 매년 5월이면 고원 전체를 물들이는 수십만 평의 철쭉 군락지가 그 주인공이다. 은하수가 사라지고 여명이 깨워내는 아침을 다시 한번 황홀경으로 채울 수 있다.

어느새 구름이 몰려와 산허리를 가득 메워 바다처럼 흘러 다니고, 능선을 따라 융단처럼 펼쳐진 진분홍 꽃들이 아침 햇살을 받으며 춤을 추듯 한들거린다. 별이 흐르고 구름이 흐르고 꽃이 흐르는 황매산의 봄은 죽기 전에 봐야 하는, 아니, 이곳을 또 보기 위해 계속 살아야만 할 것 같은 감동적인 절경이다.

황매산에 봄이 오면 별과 구름과 바람과 꽃이 흐른다. 그리고 그 위로 낭만이 노래가 되어 능선 위를 흐른다. 한번도 꽃 피우지 않았던 것처럼 더욱 찬란하게.

INFO

예약 여부 없음 **운영 기간** 없음 **운영 시간** 없음 **입장 마감** 없음 **주차** 경상남도 합천군 가회면 황매산공원길 331(황매산 오토캠핑장) **주소** 경상남도 합천군 가회면 둔내리 산219-10 **전화** 055-930-4769 (황매산군립공원)

POINT

은하수와 철쭉꽃의 향연을 만나려면 5월이 좋다. 마침 이 무렵이 대기가 깨끗해서 은하수 관찰에 유리하다. 월출 시간, 광해, 대기 상태, 은하수 위치 등등 은하수 계산법이 복잡한데, 5월 철쭉이 필 무렵 그믐(음력 29·30일) 전후 3일 이내가 월출이 거의 없는 시기라 보면 된다. 이때는 기상정보만 보면 된다. 구름 없는 맑은 날, 습도가 낮고 시정 거리가 좋은 날 찾으면 은하수 만날 확률 100%에 가깝다. 보통 아침 기온이 낮은 날이 시정 거리가 좋은 편인데, 이 무렵 아침 기온이 아주 차다. 산 능선이라 밤 체감온도가 영하에 가까우니 겨울 파카를 꼭 준비해야 한다. 5월경에 열리는 철쭉꽃 축제 기간에는 일반 차량은 통제되고 셔틀버스만 가능하다. 하지만 은하수가 뜨는 늦은 밤과 새벽 일출을 볼 수 있는 이른 아침에는 거의 통제하지 않기 때문에 차량을 이용해 정상 부근까지 편하게 올라 여행을 만끽할 수 있다. 황매산오토캠핑장 주차장에 주차를 하고 화장실 옆 U자형 관광안내소 정 뒤편으로 나 있는 임도를 따라 500m 정도 걸어 오르면 나오는 철쭉제단 근방이 은하수를 관찰하기 좋은 포인트다.

※ 계절별 은하수 관측 가능 예상 시간 **봄** 01:00~04:00(봄엔 04:00에 가까워질수록 광해로 서서히 흐려져서 보이지 않고 01:00~03:00가 가장 선명히 보인다) **여름** 22:00~02:00 **가을** 20:00~23:00 **겨울** 볼 수 없음

PLUS

· **해인사** 우리나라 3대 사찰 중 하나로 그 유명한 팔만대장경이 보관되어 있는 법보사찰이자 우리나라에서 가장 아름다운 법고 소리를 들을 수 있는 곳이다. 고요한 어둠 속에 울려 퍼지며 삼라만상을 깨우는 해인사 법고 소리는 실로 아름답다. 새벽 예불 시간인 새벽 4시에 찾아가야 하는 번거로움이 있긴 하지만, 인생에 한 번쯤은 마음을 울릴 만큼 아름다운 해인사 법고 소리를 꼭 들어보라 추천하고 싶다. 등산을 좋아한다면 뒤로는 가야산(1,432m)이 있고, 앞으로는 남산제일봉(1,054m)이 있다.

· **오도산전망대** 해발 1,120m까지 차로 올라갈 수 있는 운해와 일출 맛집이다. 산길이 좁은 편이기는 하나 산 정상까지 포장이 잘되어 있다. 걷지 않고 차 안에서 거침없이 탁 트인 산중 일출을 만날 수 있다.

은하수 아래로 별이 쏟아지는 낭만적인 밤.

아침이 오면 구름바다 위로 붉은 해가 눈을 뜨고

융단처럼 펼쳐진 진분홍빛 꽃들이 춤추며 노래하는 언덕.

'황매산'에 봄이 오면 별이 흐르고 꽃이 흐른다.

봄, 여름, 가을, 겨울
각기 다른 빛의 보석으로 피어나는
계절의 호수에서 물 위를 거닐다.

죽기 전

대청호 오백리길

봄, 여름, 가을, 겨울
일출 무렵*물안개가 자주 피어오르는 환절기

대전을 여행하면서 대청호를 빼놓을 수 있을까. 대전의 대표 여행지 중 하나인 대청호의 매력을 온전히 실감하게 해주는 산책길이 있다. 산책길이라고 해서 우습게 봐서는 안 된다. 이름이 '오백리길'일 정도로 코스도, 매력도, 아름다움도 상상 이상이다.

오백리길은 드넓은 대청호를 둘러싼 아름다운 산책길이다. 눈으로 다 담을 수 없을 정도로 광대한 대청호의 자연과 아름다움이 오백리길 곳곳에 녹아 있다. 이름대로 끝이 보이지 않을 정도로 광활한데, 샘봉산과 소뗴봉, 양성산, 계족산, 백토산, 큰음달산을 조금씩 걸치거나 지난다. 총 21개 구간으로, 행정구역상 대전과 청원군, 옥천군, 보은군을 지나거나 걸치거나 하는 매우 긴 거리의 코스로 이루어져 있다.

그중 특히 4구간이 아름답기로 유명하다. 또 그 4구간 중에서도 '물속마을정원'이라는 구간이 가장 아름다운데, 마치 호수에 둥둥 떠 있는 정원 같다. 호수가 품은 절경의 아름다움을 여지없이 보여준다. 주차장에서 전망대, 정자 방향으로 계속 걷다 보면 명상정원과 〈슬픈연가〉 촬영지가 나오고 조금 더 가면 전망대와 물속마을정원이 나온다. 거기에서 다시 갈대밭을 따라 나 있는 덱을 계속 따라가다 보면 어느새 주차장이 나오는 코스. 4구간(10.4km)에 속해 있는 약 2.5km 구간으로, 길을 따라 걷기만 하면 되기 때문에 복잡한 생각 없이 풍경에 넋을 놓고 가기 좋다. 가끔 생각이 많아 지칠 때 무작정 걷기 좋다.

　오백리길은 사계절 내내 언제 찾아도 아름답다. 갈 때마
다 계절에 따라 옷을 바꿔 입고 우리를 맞이한다. 봄에는 연
둣빛 숲이 보석처럼 빛나고, 여름에는 진한 신록이 특유의 풀
내음을 풍기며 청량함을 뿜낸다. 물이 빠져 육지와 연결되어
버린 작은 섬들의 모습도 심심찮게 볼 수 있다. 가을에는 색
색의 단풍과 가을 나무가 호수 둘레를 붉게 물들이는데, 노을
지는 모습을 연상케 한다. 겨울에는 하얀 설경으로 뒤덮인 대
청호와의 조화가 인상적이다. 눈 덮인 숲과 호수 위로 물안개
가 신비롭게 깔린다. 아름다운 경치를 넘어 미술품을 보는 것

같은 경건함까지 느끼게 한다.

　이처럼 봄, 여름, 가을, 겨울 언제 찾아도 아름다운 오백
리길이지만, 시긴은 가급석 이른 아침, 특히 환절기에 밤낮
기온차가 심한 날 이른 아침에 찾기를 강하게 추천한다. 물
안개가 자욱한, 끝을 모르는 거대한 호수와 그 호수를 둘러
싼 광활한 숲길의 모습을 보고 자연이 얼마나 웅장한지 깨
닫게 될 것이다.

　인근에 대청호반자연수변공원과 추동습지, 주산동전망대 등 더 많은 볼거리가 있으니 여행 일정을 넉넉하게 잡아 천천히 다녀오는 걸 추천한다. 대청호자연생태관도 4구간에 있기 때문에 아이들과 함께 하는 가족여행으로도 손색없다. 계절마다 그 계절에만 볼 수 있는 꽃과 식물이 오백리길에 가득하다. 혼자 사색하기에도, 아이와 체험학습하기에도 매우 좋은 여행지다.

INFO

예약 여부 없음 **운영 기간** 없음 **운영 시간** 없음 **입장 마감** 없음 **주차** 대전시 동구 마산동 551-4 **주소** 대전시 동구 추동 680 일대 **전화** 없음

POINT

호수의 수위와 계절의 변화에 따라 각기 다른 풍경 만날 수 있는데, 하절기에는 수위가 낮고, 동절기에는 수위가 높은 편이다. 물 위를 걷는 느낌을 느끼려면 가을 단풍 시즌이 좋고, 바닥을 드러낸 이국적인 호수 풍경은 여름이 좋다. 이른 아침 물안개를 보고 싶다면 전날 낮 최고기온과 당일 아침 기온차가 10℃를 훌쩍 넘는 날에 찾아가야 확률이 높다. 환절기인 초봄이나 늦가을에 물안개를 만나기 좋은 날이 많은 편이다. 주변에는 얼큰한 국물에 수제비를 곁들인 대청호의 명물 먹거리 민물새우탕집이 많다. 그중 오리주물럭을 시키면 새우탕을 서비스로 내주는 '큰뫼골(042-274-4553)'이 기억에 남는다.

PLUS

· **노고산성** 드넓은 호수 위로 숨 막힐 듯 아름다운 여명과 일출, 그리고 운해를 만나는 곳이다. 주차장에서 보통 걸음으로 30분 정도만 오르면 종이 있는 정상에 설 수 있는데, 여기서 보는 아침 풍경은 그야말로 예술이다. 호수와 산이 만나고, 바람과 구름이 만나는 말로 형용하기 힘들 만큼 아름다운 운해와 일출을 볼 수 있다. 날씨, 구름, 습도, 일출 시간 등 기상 조건을 잘 체크하고 가야 가장 감동적인 풍경을 만날 수 있는데, 아침 기온이 낮고 습도는 높으며 날씨가 맑은 날 가면 멋진 운해와 일출을 볼 확률이 높다. 노고산성을 오르는 들머리는 찬샘정 주차장(대전시 동구 직동 산31-1)이다.
· **장태산자연휴양림** 봄여름에는 신록이 아름답고 가을에는 붉은 메타세쿼이아 가로수길이 아름다운데, 그중 특히 가을이 인기 있는 곳이다. 싱그러운 숲 향과 함께 조용하게 삼림욕을 즐기고 싶다면 봄여름에 찾는 것이 좋고, 눈으로 즐기는 멋진 풍경을 원한다면 가을이 좋다. 가을 메타세쿼이아 절정기는 11월 중순~11월 말이다. 가을에 간다면 인파가 붐비니 제대로 즐기려면 이른 아침에 찾는 것이 좋다.

가끔 생각이 많아 지칠 때

풍경에 넋을 놓고 무작정 걷기 좋은

물 위를 걷는 듯 호반을 따라 걷는 아름다운 산책길,

'대청호 오백리길' 4구간.

황금빛 갈대가
바람에 일렁이고
주황색 바다가
노을에 물결친다.

124

족기천

순천만

가을(11월)
일출~일몰

눈을 감고 노을이 지는 순천만의 순간을 떠올린다. 붉게 빛나며 바다 아래로 몸을 감추는 태양 주위로 노란 주황빛이 사방에 내려앉는다. 그리고 그 먼발치에서 지는 해에 인사라도 하듯 갈대가 바람에 나부낀다.

황금빛 갈대가 바람에 일렁이는 가을 풍경으로 유명한 순천만은 일몰이 아름답기로도 유명하다. 많은 여행자의 사랑을 받는 곳으로 우리나라 최고의 여행지 중 하나라 해도 누구도 부정하지 못할 것이다. 특히 해 질 무렵 시간의 흐름을 타고 다채롭게 펼쳐지는 마법 같은 풍경은 평생 잊지 못할 큰 감동을 주기에 충분하다.

하지만 단지 '일몰이 예쁜 곳'으로만 평가하기에는 순천만이 품은 곳곳의 숨은 비경이 너무 아깝다. 분명 일몰이 유명하지만, 일몰로부터 시작되는 곳은 아니다. 태양이 새로 뜨는 일출 시간부터 진짜 순천만이 시작된다.

INFO

예약 여부 없음 **운영 기간** 없음(순천만습지 생태공원은 AI 발생 시 출입이 통제될 수 있음) **운영 시간** 순천만습지 입장 가능 시간 08:00 **입장 마감** 순천만습지 입장 마감 시간 11~2월 17:00, 3~4 · 9~10월 18:00, 5~8월 19:00 **주차** 화포해변 전라남도 순천시 별량면 학산리 805-5 순천만습지 전라남도 순천시 대대동 161-4 와온해변 전라남도 순천시 해룡면 상내리 773-2 **전화** 061-749-6052(순천만습지)

POINT

화포해변은 일출, 용산전망대와 와온해변은 일몰, 대대포구 갈대군락지는 상시 사계절 언제 찾아도 좋은 곳이지만 조금 더 적기에 찾으면 최고의 풍경을 볼 수 있다. 황금빛 가을 갈대와 철새, 그리고 S자 물길 정중앙으로 해가 떨어지는 시기를 모두 충족하는 시기는 연중 11월이 유일하다. 여기에 해 질 무렵 물이 빠지는 물때까지 맞추면 11월 중에도 10일 정도다. 결론을 말하자면 365일 중 딱 10일간이 가장 아름다운 순천만의 다채로운 풍경을 만날 수 있는 날이다. 모든 코스를 최적의 시간대에 찾아가는 동선은 화포해변에서 일출을 보고 해변 길을 따라 순천만습지 생태공원에 도착하는 코스다. 딱 해가 사선으로 비치는 시간대로 가장 아름다운 황금빛 갈대를 만날 수 있다. 순천만습지와 갈대 산책로를 걸어보고 낮에는 순천시의 다른 곳들을 돌아보다 일몰 1시간 전쯤 용산전망대를 오르면 된다. 마지막 코스로 와온해변의 노을을 감상하면 완벽하다.

화포해변

만으로 형성된 순천만에서는 일출과 일몰을 동시에 만날 수 있다. 그중 화포해변이야말로 그림 같은 일출을 경험할 수 있는 최고의 사색지. 작은 배가 몇 척 둥둥 떠 있는 자연 그대로의 포구. 이 조용하고 작은 어촌의 포구에서 만나는 일출에는 왠지 모를 아련함이 묻어 있다. 노란색과 주황색, 그리고 보라색에 가까운 청색이 그러데이션으로 번지면서 장관을 이루는 모습은 한 폭의 미술 작품 속에 들어와 있는 듯한 기분까지 들게 한다. 떠오르는 태양을 향해 떠 있는 몇 척뿐인 작은 배들은 쓸쓸하면서도 아련하다. 하지만 이내 황금처럼 타오르는 태양이 모습을 드러내면 내일을 향한 생명력이 가득한 장소로 바뀐다. 해변 주위로 순천만의 드넓게 펼쳐진 갯벌을 그대로 품고 달리는 해변도로가 나 있어, 일출 시간이 아닌 때라도 드라이브 코스로 찾기 매우 좋다. 화포해변 길을 달리다 보면 부교를 만날 수 있는데, 해 뜰 무렵 이 부교에서 맞이하는 풍경도 무척이나 서정적이고 아름답다. 부교를 만날 수 있는 곳의 주소는 '전라남도 순천시 별량면 학산리 751-5'로 화포항 포구에서 차로 1~2분 거리다.

대대포구

화포해변에서 시계 방향으로 순천만을 따라 이동하면 대대포구 지역이 나온다. 일명 '순천만습지 생태공원'으로 불리는 이곳은 순천만을 방문한 여행자들이 가장 많이 찾는 곳이자 순천만 최고의 갈대 군락지다. 내비게이션에 순천만을 검색해도 이곳부터 나온다. 그만큼 많은 사람들이 찾는 유명 여행지다. 순천만역사관, 천문대, 자연생태관 등등 거의 모든 관광 시설이 이곳에 자리 잡고 있다. 순천만 하면 떠오르는 드넓은 갈대밭도 바로 이곳에서 만날 수 있다. 갈대 산책로를 따라 걷다 보면 자연과 하나가 되는 기분을 느낄 수 있는데, 순천만을 가장 가까이 만날 수 있는 유람선도 여기에서 탈 수 있다. 한마디로 가장 많이 알려진 순천만이자 순천만을 가장 잘 알 수 있는 곳이다.

이곳이 가장 아름다운 시간대는 일출 후 1시간 전후, 일몰 전 1시간 전후다. 여기에 적당한 바람까지 불어준다면 잊지 못할 영화 속 배경 같은 낭만적인 풍경을 만날 수 있다. 사선으로 비치는 햇빛을 머금어 금빛으로 반짝거리는 갈대가 바람을 타고 파도처럼 물결치고, 바람이 스쳐 지나는 자리 자리마다 갈대들의 합창 소리가 들려온다. 그 사이로 길게 뻗어 있는 덱을 뚜벅뚜벅 걸어나가다 보면 언젠가 보았음직

한 아름다운 필름 영화 속 한 장면이 펼쳐진다.

이곳은 철새 도래지로도 유명하다. 11월부터 찾아오는 순천만을 대표하는 흑두루미를 비롯해 황새, 가창오리 등 다양한 종의 철새를 직접 관찰할 수 있다. 운이 좋으면 해 질 무렵 가창오리의 화려한 군무도 만날 수 있다.

용산전망대

갈대 산책로를 따라 2km 걸어가면 순천만 최고의 풍경을 볼수 있는 곳이 나온다. 바로 용산전망대다. 대대포구에서 왕복 4km를 걷는 수고스러움이 전혀 아깝지 않을 만큼 이곳에서 보는 순천만은 매우 아름답다. 이곳에 가보지 않았다면 순천만에 가봤다고 하면 안 될 정도로 순천만 최고의 뷰포인트다. 순천만의 가장 웅장하고 아름다운 진짜 풍경을 조망할 수 있다.

전망대에 오르면 드넓게 형성된 만이 한눈에 펼쳐진다. 그 모습이 너무 광활해서 나도 모르게 자연의 경이로움에 감탄하며 무릎을 꿇게 된다. 단연코 우리나라에서 손꼽히는 최고의 풍경이라 자신할 수 있다. 특히 자연적으로 형성된 습지 위로 나 있는 거대한 S자 모양의 물길이 유명한데, 해가 질 무렵 붉게 물든 해가 S자 물길 위로 반사되는 때가 최고의 순간이다. 이때 물길을 지나는 배가 그 황금빛 물결을 V자로 가르는 풍경이 순천만의 백미로 불린다. 그래서 용산전망대는 많은 사진작가들이 사랑하는 곳이기도 한데, 이런 기록적인 아름다움의 순간을 매번 볼 수 있는 것은 아니다.

먼저, 계절을 따져야 한다. 월별로 해가 지는 방향이 좌우로 움직이는데, 해가 S자 물길 정중앙으로 들어와 가장 아름다운 황금빛 물길을 만들어내는 시기가 1월과 11월이다(12월에는 해의 방향이 살짝 왼쪽에 위치하고, 2~10월에는 오른쪽에 위치한다). 다음은 물때표를 살펴야 한다. 밀물과 썰물의 차이 때문에 같은 날에도 물길이 생기거나 없어지기 때문이다. 선명한 물길을 위해서는 물이 빠지는 시간에 찾아가야 한다. 그래야 허탕을 치지 않는다(물론 물길이 없어도 순천만의 모습은 충분히 황홀하다). 물때표는 인터넷에서 '순천만 물때표'를 검색하면 쉽게 찾을 수 있다. 여기에 일몰이 끝난 후 어두운 산길을 걸어 내려가야 하고, 주차장까지 2km를 다시 걸어 돌아가야 한다는 점도 미리 생각해야 한다.

해가 진 후에 어둑어둑한 산길을 내려오는 건 고행일뿐더러 경우에 따라서는 위험할 수도 있다. 그래서 베테랑 사진작가들만 아는 작은 비밀 하나를 알려줄까 한다. 농주마을회관 안쪽으로 통하는 길을 찾는 것이다. 주소로는 '전라남도 순천시 해룡면 농주리 522-1'이다. 들어가는 길이 좁아 운전에 주의해야 하지만, 산 바로 앞까지 차가 들어갈 수 있어 10여 분만 걸으면 전망대까지 금방 갈 수 있다. 이곳이 알려지는 것을 반기지 않는 사진작가도 있겠지만 너그럽게 이해해주길 바란다. 아름다움은 안전할 때 더 가치가 있으니까.

와온해변

마을회관 지름길을 이용했다면 일몰이 진 후 바로 차를 몰아 달려 갈 곳이 있다. 바로 옆에 있는 와온해변이다. 노을이 아름다움을 넘 어 황홀하기까지 한 곳으로, 해가 지고 난 직후 30분 정도 지났을 때가 가장 아름답다. 용산전망대에서 일몰 후에 바로 차로 달려오 면 순천만 최고의 일몰과 노을을 볼 수 있는, 말하자면 두 마리 토 끼를 다 잡을 수 있는 코스인 것이다. 만일 용산전망대까지 가기가 부담스럽다면 일몰 시간에 와온해변으로 향하는 것도 좋은 방법이 다. 차를 세워두고 일몰과 노을을 볼 수 있어 그 어떤 곳보다 편하게

감상할 수 있다. 드넓게 펼쳐진 갯벌과 하늘 위로 물든 노을의 하모니가 마음 깊숙이 내려앉는다. 와온해변의 정수를 제대로 느끼고 싶다면 내비게이션에 '전라남도 순천시 해룡면 상내리 773-2'를 치고 갈 것. 그 길 끝에서 와온해변의 진짜 모습을 볼 수 있다. 재미있는 건, 여기에도 갯벌 위로 작은 s자 모양의 물길이 나 있어 사진작가들 사이에서 '작은 s자 물길 포인트'라 불린다는 사실이다. 역시 최고의 순간을 위해서는 일몰 방향이 맞는 11월에서 1월까지가 가장 좋다. 이외에 솔섬이라 불리는 사기섬 일몰도 매우 아름답다. 이 모든 순간을 차 안에서 아늑하고 편하게 즐길 수 있다.

PLUS

· **선암사** '눈물이 나면 기차를 타고 선암사로 가라. 선암사 해우소로 가서 실컷 울어라.' 정호승 시인의 '선암사'라는 시 중 서문이다. 슬퍼질 때 찾아가면 나무와 풀잎과 새에게 위로를 받을 수 있을 만큼 예쁜 절이다. 개울을 따라 걸어 올라 아름다운 무지개다리 승선교를 건너고, 고개를 숙이듯 강선루 아래를 지나 선암사에 이르면 단아하고 예쁜 절 풍경에 매료된다. 선암사는 눈이 아닌 마음으로 보아야 가치를 실감할 수 있다. 부디 시인의 마음으로 봐주길 바란다. 참고로 선암사는 매화와 겹벚꽃이 피는 봄날에 찾아가는 것이 가장 아름답다.

· **낙안읍성** 조금은 불편할지도 모르겠지만, 그 모든 것을 감내하고 옛것을 그대로 지키고 살아가는 사람들이 애써 지켜온 아름다운 마을이다. 시간 여행을 하듯 예스러운 골목골목을 돌아 나가 성곽 길에 오르면 마치 조선에서 시간이 멈춘 듯한 착각에 빠져들 만큼 진한 감동을 느끼게 되는 곳이다. 그 외 순천만국가정원과 순천드라마세트장이 가볼 만하다. 순천만 맛집으로는 '밥꽃이야기 들마루(061-741-5233)'의 꼬막정식, '금빈회관(061-744-5553)'의 떡갈비가 기억에 남는다.

이른 도구에서 맞이하는 고요한 일출 '화포',

갈대숲 사이를 달리는 해변 드라이브 '화포해변길',

바람에 일렁이는 황금빛 물결 속을 걷는 낭만 '갈대군락지',

대자연이 그려내는 웅장하고 대범 같은 풍경 '용산전망대',

갯벌 위를 수놓는 황홀한 일몰 '와온해변'.

모두 '순천만'에 가면 만나게 되는

평생 잊지 못할 풍경들이다.

천 년을 이어온
긴긴 봄을 걷다.

죽기 전

해
남

봄
오전 또는 오후

여행가가 되고 싶었다. 여행을 업으로 살고 싶었다. 세상 온 곳을 다니며 각기 다른 바람의 향을 알아차릴 수 있는 어른이 되길 바랐다. 어른인지 청년인지 소년인지 스스로도 구분되지 않던 스무 살 때, 그런 꿈을 그리며 해남 땅끝, 하늘과 바다와 산이 모든 경계를 나란히 하는 곳에 섰다. 내가 포부를 그리는 건지, 바다가 포부를 그려준 건지 나조차 헷갈릴 정도로 눈앞에 파노라마가 펼쳐진다. 해남 땅끝마을. 그중에서도 한반도 최남단 땅끝에 자리 잡은, 한반도의 시작을 상징하는 땅끝 탑에는 내 스무 살 적 꿈과 다짐이 여전히 걸려 있다.

어느새 헷갈림은 온데간데없고, 누가 봐도 엄연한 어른이 되고도 한참이 지난 나이에 다시 이곳을 밟았다. 여행가를 꿈꾸던 청년이 노련한 여행가가 되어 이곳저곳을 다닐 동안, 해남의 바다는 변하지 않았다. 그때 보았던 바다도, 그때 물결치던 파도도 모두 그대로다. 왠지 나만 나이 들어버린 야속함에 혀를 차는 것도 잠시, 오랜만에 돌아온 나를 반갑게 맞아주는 바다의 인사가 가슴을 뜨겁게 만든다. 꿈은 잘 이루었냐며, 그토록 바랐던 여행가가 결국 되었냐며.

여행은 경험으로 따질 수 없고 여행지는 순위로 가를 수 없다. 언제 누구와 어떻게 갔느냐에 따라 누군가에겐 최고의 여행이, 또 다른 누군가에겐 최악의 여행이 될 수 있다. 그럼에도 대한민국을 여행하는 여행자라면 이곳은 꼭 가봐야 한다고 수긍하게 되는 여행지가 하나 있다. 바로 국토 대장정의 시작점이 되는 이곳, 해남 땅끝마을이다.

흔히들 우리나라를 보고 삼천리 금수강산이라고 한다. 여기에서 '삼천리'가 바로 해남부터 함경북도 온성까지의 거리를 의미한다. 이처럼 우리나라 금수강산의 시작과 끝인 해남에는 수려한 풍경과 사색하기 좋은 여행지가 많다. 사계절 언제 찾아도 아름답지만 워낙 볼거리도 많고 범위도 넓어 계절에 따라 특히 더 아름다운 보석 같은 여행지도 많다.

한적한 모래 해변 '송호해수욕장'

바닷가 동네인 만큼 가장 눈에 띄는 곳이 바로 해변이다. 땅끝마을로 가는 길에 위치한 송호해수욕장은 끝없이 펼쳐진 바다를 보며 걸을 수 있는 한적한 모래사장을 자랑한다. 푸

른 송림을 벽으로 삼아 시원하게 뻗어 있는 모래사장을 거닐
다 보면 여러 생각으로 가득 차 있던 머릿속이 어느새 비워지
고 가벼워진다. 작은 시골의 바다 마을을 연상케 하는 해변가
는 특별한 게 없지만, 오히려 그래서 더 마음에 든다. 한적한
평범함에 마음까지 내려놓고 걷다 보면 도시에서와는 다른 속
도로 시간이 느리게 흐르는 것이 느껴진다. 너무 빨라 느낄 수
없던 시간의 흐름이 여기에서는 물결치는 파도와 함께 천천
히 다가온다.

　　사실 송호해수욕장을 매번 찾는 이유는 다른 데 있다. 해
남에서 가장 잘하는 백반집이 있기 때문이다. 오랜 시간이 지
나도 변치 않는 맛집 '본동기사식당'이다. 게 눈 감추듯 금세 비
워지고 마는 15첩 반상에 칼칼한 갈치전골이 함께 나오는 '갈치
백반'이 일품이다. 1인 주문도 가능하니 홀로 여행해도 부담 없
이 찾을 수 있어 좋다. 남도식 백반의 진수를 맛볼 수 있어 해남
에 가면 꼭 다시 찾게 되는 맛집이다. 아침 식사도 가능하니 땅
끝마을 일출을 보고 바로 들러도 좋다.

땅끝에서 만나는 신비의 바닷길 '죽도'

하루에 딱 두 번, 이곳 바닷물이 빠질 때가 있다. 썰물로 바닷물이 밀려 나가 해수면이 낮아지는 간조다. 이때만 갈 수 있는 섬이 하나 있다. '대섬'이라고도 불리는 죽도다. 바다 위에 둥둥 떠 있는 섬이었다가, 간조 때가 되면 섬까지 갈 수 있는 길이 잠시 열린다. 농담 반 진담 반으로 신비의 바닷길로 불리는 이 길을 통해 하루에 딱 두 번, 간조로 바닷물이 빠졌을 때만 죽도를 다녀올 수 있다. 모두가 기다리다 지쳐 포기하려 할 때 평범해 보이던 해변이 비로소 자신의 숨은 보석을 내보이는 셈이다. 여기에 해가 지는 일몰 시간까지 겹치면 감동은 말할 것도 없이 배가된다.

달마산을 지키는 '미황사'

달마산 중턱에 재미있는 유래를 지닌 사찰이 있다. 한반도 육지에서 가장 남쪽에 위치한 사찰로 통일신라 경덕왕 때 의조 스님이 창건한 절이다. 사적비에 그 유래가 적혀 있는데, 대충은 이렇다. 어느 날 한 척의 배가 사자포 앞바다에 나타나 의조 스님과 그 제자들이 목욕재계하고 나가보니, '금인(金人)'이 여러 경전과 불상을 가지고 있었다고 한다. 스스로를 인도의 왕이라 칭한 금인이 "원래는 금강산에 부처를 모시러 왔다가 이미 많은 사찰이 지어져 있어 그러지를 못하고 되돌아가던 중 이곳에 다다랐다. 경전과 불상을 소에 싣고 가다가 소가 멈추는 곳에 사찰을 지으면 불교도 국운도 모두 흥할 것이다"라고 했다는 이야기다. 결국 소가 멈춘 곳에 미황사를 짓고, 소의 울음소리가 아름다워 '아

름다울 미(美)', 금인의 빛깔을 상징하는 '황금 황(黃)'자를 써서 미황사라 이름 지었다고 한다.

원래는 금강산에 지어졌을 사찰인 미황사가 달마산을 굳건히 지키고 있는 모습을 보면, 새삼 달마산이 왜 '땅끝에서 만나는 금강산'이라 불리는지도 족히 이해가 간다. 산의 푸르름에 한 치의 오점도 남기고 싶어 하지 않는 듯 화려한 단청 하나 없이 온통 무채색으로 수수한 아름다움을 뽐낸다. 수수해서 더 웅장함을 뽐내는 대웅전, 연꽃무늬 위에 자라와 게 모양의 부조로 장식한 주춧돌, 다양한 모습과 표정으로 중생을 맞이하는 나한상, 끝없이 이어진 빗살무늬 창살 사이를 날아다니는 나비 모양의 경첩이 조용한 아름다움을 더한다. 잠깐 쉬고 싶을 때 언제든 조용히 왔다 조용히 갈 수 있는 '쉼의 사찰'이다.

땅끝 금강산을 품은 '도솔암'

미황사에서 충분히 숨을 고른 후 금강산의 풍경을 닮은 달
마산 여행에 본격적으로 나선다. 등산에 자신 있는 사람은
달마산(달마산은 우리나라 100대 명산 중 하나로 꼽힌다)
종주를 추천하고, 트레킹에 자신 있는 사람은 미황사에서
시작해 달마산의 허리를 걷는 17.74km 길이의 달마고도
(완주하면 해남군에서 완주 인증서와 메달을 무료로 보내
준다)를 추천한다. 하지만 평범한 여행자라면 단연 도솔암
코스를 추천한다. 도솔암 인근 능선까지는 차로 오를 수 있
어 편도로 딱 800m 정도만 걸으면 되는데, 그 안에 달마산
의 비경이 모두 담겨 있다.

　　해남군 북평면 영전리 산77-6을 찾아가면 도솔암 주
차장이 있다. 여기서부터 능선 길을 걷는다. 발아래 해남평
야와 다도해를 내려다보며 걷는 능선 길이다. 그 속에서 속

삭이듯 지저귀는 특별한 새소리에 잠시 걸음을 멈춰본다. 이 길을 걸을 때마다 늘 반겨주는 섬휘파람새다. 처음 이 길을 걸을 때는 너무 듣기 좋아서 마이크를 설치하고 소리를 담은 기억이 있는데, 이번엔 그냥 마음에만 담으며 다시 걷기로 한다. 딱 중간 지점, 그러니까 주차장부터 400m 지점의 능선 길 왼쪽으로 바위 끝에 올라설 수 있는 장소가 있다. 이 바위 위에 올라서 내려다보는 풍경이 절경이다. 금강산의 일만이천 봉이 부럽지 않은 수많은 봉우리가 하늘을 향해 앞다퉈 늘어서 있는 풍경이다. 섬들의 고향 다도해와 해남평야를 품은 채 거침없이 펼쳐지는 숨 막힐 듯 아름다운 풍경을 만날 수 있는 포인트다. 해 질 무렵 오르면 잊지 못할 일몰까지 만날 수 있으니 일몰 1시간 30분 전에 주차장에서 시작해 도솔암까지 갔다가 돌아오는 길에 여기서 일몰을 보는 코스를 추천한다.

다시 발걸음을 옮겨 해남의 드넓은 경치를 감상하며 걷다 보면 어느새 도솔암이 보이기 시작한다. 아름다운 달마산의 절경에 자리 잡은 산중 암자다. 달마산 전체를 조망할 수 있는 작은 암자는 신선이 도를 닦았다 해도 수긍이 될 만한 신비로운 풍경을 자아낸다. 암자에서 내려다보는 경치도 수려하지만, 높은 봉우리들 사이에 작게 숨어 있는 도솔암의 모습이 한 폭의 산수화 그 자체다. 국내에서 유일하게 절 마당에 서서 일출과 일몰, 그리고 바다를 내려다볼 수 있는 암자다.

도솔암을 실컷 구경하고 다시 내려가는 길, 해가 질 무렵이라 발걸음을 재촉해 오는 길에 미리 봐두었던 전망 좋은 바위 위에 다시 올라선다. 바람이 분다. 운 좋게도 때마침 바람을 타고 운해가 밀려온다. 운해로 둘러싸인 묘한 산 중턱에 서서 바라보는, 다도해로 떨어지는 특별한 산중 바다 일몰은 감탄사 그 자체였다. 달마산에 정말 잘 왔구나 싶은 마음을 되새기며 달마산을 뒤로한다.

긴 봄을 만나는 천 년 숲길 '장춘길'

간밤의 휴식으로 어느 정도 여독을 풀고 어제보다 훨씬 가벼워진 마음으로 다시 여행길에 나섰다. 이번엔 두륜산으로 향한다. 두륜산과 두륜산 근처에도 해남의 대표 볼거리를 다투는 곳들이 많다. 그중 오늘의 첫 목적지인 대흥사로 길을 잡는다. 대흥사 매표소를 지나자 왕복 2차선 도로 위에 서 있는 '두륜산 대둔사'라 쓰인 커다란 일주문이 눈에 들어온다(대흥사의 옛 이름이 '대둔사'였다). 여기서부터 봄이 긴 길, 장춘길이 시작된다. 장춘길은 내가 국내에서 최고로 손꼽는 아름다운 봄 숲길 중 한 곳이기도 하다. 비교적 어린 나이로 일

찍 여행에 눈을 뜬 나는 고등학교 시절부터 시작해 취미로 8년, 직업으로 20년, 모두 합치면 대략 30년에 가까운 시간 동안 여행을 이어왔다. 추측하건대 우리나라를 30바퀴 정도는 돌았을 거다. 그러는 동안 참 많은 숲길을 걸었을 것이다. 그 많은 숲길 중 내가 가장 좋아하는 곳이 바로 이 장춘길이다.

봄이 일찍 찾아오고 여름은 늦게 찾아와 봄이 오래 머물렀다 가는 길이라는 시적인 의미를 지닌 장춘길. 계곡을 따라 굽이굽이 아홉 굽이로 이어지는 구림구곡의 아름다운 숲이라 해서 예로부터 구곡장춘(九曲長春)이라 불리던 명품 숲을 품은 길이다. 1,000년이 훌쩍 넘는 시간 동안 수많은 불자와 선비가 걸었을 시간과 역사 속을 따라가는 길. 나는 이런 옛길이 참 좋다. 짚신을 신고 갓을 두른 채 봇짐을 메고 걸었을 옛 사람들의 호흡을 느끼며 마치 시간 속을 걷는 듯 묘한 감동을 느낄 수 있기 때문이다.

그 길 위로는 아스팔트가 깔린 찻길이 되어버렸지만, 중간 구간부터 대흥사까지는 차 없는 거리로 운영하고 있어 1,000년을 이어온 아름다운 장춘숲길을 걷는 감동을 느끼기에는 여전히 충분하다. 이 길은 5월과 6월이 가장 아름답고, 단풍이 물드는 11월도 참 아름답다. 특히 이른 아침 인적이 없는 시간대에 걸어보아야 진면목을 느낄 수 있다. 줄지어 늘어선 거목들이 봄날의 짙은 신록을 뿜어내며 바람에 한들거리고, 새들의 노랫소리가 애써 귀를 기울이지 않아도 속삭이듯 들려온다. 긴 봄이 머무는 장춘숲길을 걸으며 만나는 잔잔한 감동은 오직 아침에만 경험할 수 있다.

이토록 아름다운 장춘숲길의 끝에는 대흥사가 자리한다. 작은 절에 불과했던 대흥사는 서산대사의 유언에 따라 그의 가사와 발우를 모신 후 큰절이 되었는데, 그의 제자들이 서산대사에게 한양에서 이렇게 멀리 떨어진 외진 곳을 선택한 연유를 묻자 이곳은 삼재가 들지 않는 길지(三災不入之地)라 했다는 일화가 전해진다. 치마처럼 두른 두륜산이 품은 참 아름다운 사찰로 무염지, 천불전, 연리근, 조선의 명필 원교 이광사와 추사 김정희가 쓴 현판 등등 볼거리가 참 많다. 또 대흥사에서 30분 정도 더 걸어 오르면 우리나라의 다성으로 불리는 초의선사가 40년간 머물렀던 차 문화의 성지 일지암이 있다.

스무 살 무렵 《나의 문화유산답사기》라는 책을 들고 숙제를 하듯 대흥사 일원을 처음 찾았을 때는 책 속의 이야기를 따라 하루 종일 이곳을 여행했다. 그만큼 하루 온종일을 걷고 보아도 모자람 없이 볼거리와 이야기가 많은 곳이었다.

그때의 나는 이른 봄에 만나는 동백이 좋았고, 절간 앞에 있던 100년을 이어온 고풍스럽던 한옥 유선여관(지금은 신식 건물로 바뀌었다)이 신기했고, 대흥사도 일지암도 의미를 곱씹어가며 둘러보는 답사 여행이 좋았다. 어느덧 나이가 들고 연륜이 쌓여 대흥사 일원을 열 번도 더 와보게 된 지금, 내가 이곳을 다시 찾는 가장 큰 이유는 대흥사도 일지암도 아닌 장춘숲길이다. 아마도 두 번째인가 세 번째 여행부터 장춘길의 매력이 더 눈에 들어왔던 것 같은데, 그때 나는 혼자 걷고 있었고, 길 위에는 차도 사람도 없이 적막했다. 바람이 잔잔히 불었고, 새들이 속삭이듯 지저귀던 어느 봄날의 이른 아침이었다. 나는 그때 이 길의 진짜 아름다움을 알게 되었고, 이 길을 사랑하게 되었다.

초록 비가 내리는 집 '녹우당'

대흥사가 위치한 두륜산을 빠져나오는 길에 꼭 들러야 하는 곳이 있다. 초록 비가 내리는 집이라는 시적인 표현이 담긴 집 녹우당이다. 녹우당은 고산 윤선도의 고택을 부르는 이름이다. 해남 윤씨의 종가이기도 한 이 집은 조선시대 양반들이 살던 주택의 특징을 잘 보여준다. 긴 세월 동안 변하지 않고 그때 그 모습을 그대로 유지하는 외관에 저절로 숙연해진다. 녹우당이라는 이름은 뒤편에 위치한 비자나무 숲에 바람이 불면 그 소리가 마치 빗소리처럼 들린다고 해서 유래한 이름이다. 비자나무가 빽빽한 초록의 숲속에서 들리는 그 빗소리를 '초록 비가 내린다'라는 뜻으로 표현한 것이다. 그래서 나는 녹우당을 찾을 때마다 비자나무 숲에서 빗소리 듣기를 꼭 빼놓지 않는다. 초록 숲은 녹우당에서 10여 분만 걸어 오르면 만날 수 있다. 초록 숲의 바람이 전해주는 그 빗소리는 실로 아름답다.

녹우당은 원래 고택의 사랑채만 일컫던 이름이었는데, 이 사랑채의 역사가 조금 독특하다. 효종이 고산 윤선도에게 사랑채를 하사했는데, 수원에 있었다고 한다. 그걸 고산이 82세 때 서해 바다 뱃길을 통해 이곳으로 옮겨 왔단다. 먼 길을 온 녹우당은 지금까지 그때 그 모습 그대로를 자랑하고 있다. 볼 때마다 놀랍다.

다산 정약용이 강진에 유배되었을 때 많은 책을 갖다 보았던 외갓집으로도 유명한 이 고택은 양반가 중에서도 지금까지 가장 많은 유물을 보유하고 보존하기로 유명하다. 지금도 고택 내 자리한 고산 유물 전시관에서 국보인 '윤두서 자화상'을 비롯해 4,000점이 넘는 보물급 유물을 볼 수 있다.

은행나무가 즐비한 녹우당 길을 거닐며 이번 여행을 마무리한다. 아직 초여름이라 노랗게 물든 은행나무는 볼 수 없지만, 아마 올가을이면 온 길을 노랗게 물들인 모습을 다시 볼 수 있을 것이다. 언젠가 가을로 물들어가는 녹우당을 찾은

적이 있는데, 돌담 길 사이로 보이던 그 노란 은행나무가 무척 아름답고 인상적이었다. 오늘 그 노란 은행잎은 보지 못했지만, 가을에 잠깐 물들고 사라지는 은행잎보다 지금 모습이 진짜 이 나무의 모습이 아닐까. 가을을 화려하게 수놓기 위해 지금의 이 계절들을 묵묵히 버텨내고 있는 500세 넘은 나무들 사이를 거닐며 해남 여행을 마무리한다.

POINT

해남에서 딱 두 곳만 소개하려고 했다. 그러다 하나라도 놓치기 아까운 사연과 감정에 그만 너무 많은 곳을 나열해버린 것 같다. 그만큼 해남은 내게 특별한 곳이기 때문이 아닐까 하는 생각이 든다. 이 책의 의미에 맞는 여행지 딱 두 곳만 꼽으라면 장춘길과 도솔암이 될 것 같다. 왜냐고 묻는다면 '오롯이 자연이 만든 순간이 오래 머무는 곳이라서'라고 말하고 싶다. 장춘길은 가을 단풍도 참 아름다운 길이다. 이른 아침 인적 없는 울창한 단풍 숲길을 유유히 걸으면 그 자체로 감동이다. 녹우당 역시 은행나무가 노랗게 물든 가을도 참 좋은 곳이다. 고풍스러운 고택 옆 돌담 길 사이로 은은하게 스며드는 가을 풍경이 정말 일품이다. 도솔암은 일출과 일몰이 아름다운 곳이다. 일출이나 일몰 시간에 맞춰 찾아가보는 걸 추천한다. 일출을 본다면 일출 시간 30분 전에 주차장에 도착해 도솔암에 이르러 일출을 보는 것이 좋고, 일몰을 본다면 일몰 시간 1시간 30분 전에 주차장에 도착해 도솔암을 둘러보고, 나오는 길에 서쪽이 훤히 내려다보이는 능선 위에서 일몰을 보는 것이 좋다. 죽도의 신비의 바닷길은 간조 때에만 만날 수 있으니 해남 물때표를 미리 확인하고 가는 것이 좋다. 해남에 가면 꼭 먹어봐야 할 음식이 있다. 육회, 백숙, 구이, 죽으로 구성된 닭 코스 요리와 해남에서 나고 자란 식재료로 만든 찬을 한 상 가득 내주는 남도식 한정식이다. 개인적으로 닭 코스 요리는 '원조장수통닭(061-536-4410)', 한정식은 '천일식당(061-535-1001)'을 즐겨 찾는 편이다.

예약 여부 없음 **운영 기간** 녹우당(고산 윤선
도 유적지) 월요일 정기 휴무 **운영 시간** 녹우
당(고산 윤선도 유적지) 09:00~18:00 **입장
마감** 녹우당 운영 시간 참고 **주차** 땅끝탑 전라
남도 해남군 송지면 송호리 1169-2(모노레
일 이용 시 하부 주차장) / 전라남도 해남군 송
지면 송호리 1169-2(도보 이용 시 상부 주차
장) 송호해수욕장 공영 주차장 전라남도 해남
군 송지면 송호리 1041-1 본동기사식당 주
차장(식당 이용 시) 전라남도 해남군 송지면
송호리 898-9 죽도 전라남도 해남군 송지면
소죽리 763-8 미황사 전라남도 해남군 송지
면 미황사길 154 도솔암 전라남도 해남군 북
평면 영전리 산77-6 대흥사, 장춘길 전라남
도 해남군 삼산면 구림리 794 녹우당(고산 윤
선도 유적지) 전라남도 해남군 해남읍 연동
리 109-1 **전화** 미황사 061-533-3521, 본
동기사식당 061-535-2437, 대흥사 061-
534-5502, 녹우당(고산 윤선도 유적지)
061-530-5548

· **포레스트수목원** 6월 중순에서 7월 중순까
지 해남을 찾아가면 꼭 가봐야 할 수국 명소
다. 국내에서도 손꼽을 만한 아름다운 수국 동
산을 만날 수 있다.
· **우수영국민관광지** 해남과 진도 사이 해협으
로 진도대교가 이어져 있다. 해협을 가로지르
는 명량 해상 케이블카를 탈 수 있고, 명량대첩
전승지인 울돌목의 명물 스카이워크를 거닐
수 있다. 바닥까지 유리로 되어 있는 명량 해상
케이블카와 울돌목 스카이워크에서 해협의
전체 경치를 조망할 수 있다.
· **고천암 갈대 탐방로** 갈대밭을 거닐며 가을
의 낭만을 즐길 수 있는 곳으로 국내 최대의 갈
대 군락지이기도 하다. 철새 도래지로도 유명
한데, 겨울철 가창오리 군무를 감상할 수 있
다. 갈대 탐방로 입구 전라남도 해남군 해남읍
내사리 1750-9 가창오리 군무 관찰대 전라
남도 해남군 황산면 한자리 1620-3

봄이 오면 꽃길보다 더
걷고 싶어지는 숲길이 있다.
1,000년이 훌쩍 넘는 시간 동안
수많은 불자와 선비가 걸었을 그 길이
시간과 역사 속을 떠나가는 길.
짚신을 신고 갓을 두른 채 봇짐을 메고 걸었을
옛사람들의 호흡을 느끼며
마치 시간 속을 걷는 듯 묘한 감동을 느낄 수 있는
1,000년을 이어온 아름다운 숲길.
긴 봄을 만나는 길이라는
시적인 이미지를 지닌
명품 숲길 '장춘길'이다.

바다도, 섬도, 사람도
모두 아름다운 곳.
그래서 계속 머물고 싶은 곳.

죽기 전

욕
지
도

봄, 여름, 가을
오전~오후

욕지연화장두미문어세존(欲知蓮花藏頭眉問於世尊). '극락세계를 알고자 하거든, 그 처음과 끝을 부처에게 물어보라.' 화엄경이라는 불교 경전의 한 구절로 알려진 이 문장과 인연이 깊은 곳이 있다. 바로 욕지도다.

경상남도 통영에서 배를 타고 남쪽으로 향하면 불교 경전의 구절에서 이름이 유래한 연화열도 '욕지도', '연화도', '두미도', '세존도'를 만날 수 있다. 그중 '욕지'는 앞에서 언급한 경전에서 '알고자 하거든'의 뜻인데, 그 알고자 하는 마음을 가득 안고 통영항에서 1시간 30분 동안 뱃길을 따라 연화열도를 지나면 천혜의 아름다운 섬을 만날 수 있다.

이 섬에는 해안가를 옆에 끼고 달리는 '욕지일주도로'라는 길이 있다. 끝없이 펼쳐진 깨끗한 풍경의 해안도로를 때로는 바다와 함께, 때로는 크고 작은 봉우리와 함께 자유롭게 드라이브할 수 있어 여행자들의 많은 사랑을 받는다. 욕지도에서 유명한 여행지들도 이 해안도로를 달리다 보면 만날 수 있기에 별다른 고민 없이 차를 배에 실었다. 몸만 오가는 여행과 달리 약간의 번거로움은 있었지만, 시원하게 뻗은 왕복 2차로의 도로를 달리고 5분 만에 이번 여행에서 한 최고의 결정이 되었다. 번잡한 도시의 소음도, 교통 체증도, 신호등도 없다. 그저 맑은 시야에 펼쳐지는 빛나는 풍경을 헤치고 바람을 가르며 거침없이 열려 있는 해안도로를 시원하게 내달린다. 틈 사이로 들어오는 바람에 지금 욕지도에 와 있다는 사실이 한껏 더 마음에 와닿는다.

첫 번째 여행지로 선택한 건 제1출렁다리. 욕지도에는 3개의 출렁다리가 있다. 섬이라는 이점을 그대로 살려 만든 매력적인 다리들인데, 그중에서도 단연 으뜸은 제1출렁다리다. 사진으로만 봤을 법한 거대한 해식 절벽이 눈앞에 펼쳐지는 곳으로, 경관이 매우 뛰어나기로 유명하다. 협곡 사이에 처연히 걸려 있는 출렁다리는 굴곡진 육지의 끝을 제대로 이용했다. 다리를 건널 때 아래가 신경 쓰이겠지만, 반드시 옆을 보며 지나야 한다. 협곡에서 이어지며 마주 보는 웅장한 두 해식 절벽과 그 사이로 진한 옥빛으로 수놓은 비단 같은 바다가 내려다보이는 풍경이 가슴 벅찰 만큼 장관이다. 출렁이는 다리를 건넌다는 공포보다는 자연의 웅장함과 아름다움에 압도당하는 경험을 할 수 있다. 다리를 지나 왼쪽으로 조금 더 돌아 나가면 바다의 금강이라 해도 과언이 아닐 만큼 멋진 절경이 펼쳐지는 해안 절벽 끝에 설 수 있다. 그 절벽 끝에 서서 멀고 먼 어디선가 해수면을 타고 건너온 바람의 여정을 몸으로 느껴본다. 끝없이 펼쳐지는 드넓은 바다를 마주하고 서서 바람이 전하는 이야기를 들으며 여행의 의미를 다시 떠올려보는 게 이곳 욕지도에서의 첫 코스다.

———

다시 시원하게 뻗은 해안도로를 내달린다. 청청한 하늘과 바다가 경계선이 어딘지도 모르게 어지러이 섞여 있다. 제2출렁다리를 거쳐 세 번째로 도착한 제3출렁다리는 바다 위에 걸린 출렁다리로 불릴 만큼 바다와 매우 근접해 있다. 그래서 눈 안에 가득 차도록 바다를 담을 수 있다. 섬이기 때문에, 섬이라서 가능한 여행이다. 폐 깊은 곳까지 바다 내음을 들이마신다.

도시와 분리돼 자연 그대로 날것의 모습을 유지한 섬 바다는 육지에서 만나는 바다와는 무게감이 사뭇 다른 느낌이다. 그래서인지 오늘따라 호흡도 가벼워 숨이 더 편히 쉬어진다.

출렁다리로 바다를 실컷 봤으니 이제 조금 더 높은 곳에 오르기로 했다. 욕지도를 한눈에 조망할 수 있는 천왕산 대기봉으로 향한다. 대기봉은 해발 355m 높이로 욕지도의 전체 모습을 내려다볼 수 있을 뿐만 아니라 주변 섬들까지도 볼 수 있는 최고의 명당 자리다. 대기봉까지 가기 위해서는 새천년기념공원전망대에서 시작해야 한다. 여기가 대기봉으로 가는 가장 가까운 코스로, 걸어서 약 30분이면 대기봉에 오를 수 있다. 새천년기념공원전망대에 도착해 먼저 꼭 봐야 하는 펠리컨바위부터 본다. 전망대에서 바다를 향해 섰을 때 왼쪽으로 고개를 살짝 돌리면 보이는 바위로, 제1출렁다리가 있던 곳이다. 자세히 보면 펠리컨 머리를 닮았다 해서 펠리컨바위로 불린다. 이번 여행에서 제일 기대가 없었는데 보자마자 박장대소를 했다. 닮아봤자 얼마나 닮았겠어 했는데 진짜 펠리컨 한 마리가 보인다. '우연'이 만들어낸 기막힌 아름다움과 위트에 감탄하며 가벼운 걸음으로 대기봉을 향해 오른다.

산을 오르는 오솔길을 따라 틈틈이 보이는 풍경마다 어찌나 아름다운지 감탄이 절로 나온다. 도시가 내려다보이는 육지

INFO

예약 여부 없음 **운영 기간** 없음 **운영 시간** 없음 **입장 마감** 없음 **주차** 1출렁다리 경상남도 통영시 욕지면 동항리 369-7 2출렁다리 경상남도 통영시 욕지면 동항리 382-5 3출렁다리 경상남도 통영시 욕지면 동항리 423-15 새천년기념공원전망대(대기봉 등산로 입구) 경상남도 통영시 욕지면 서산리 4-2 삼여전망대 경상남도 통영시 욕지면 서산리 35-18 대송 솔구지전망대 경상남도 통영시 욕지면 동항리 산184 좌부랑개 경상남도 통영시 욕지면 동항리 572-30

의 산과 달리, 섬의 산에서 보는 산 아래는 말 그대로 그림 같
다. 광활하기 그지없는 바다는 발아래 두어도 역시 광활하고,
욕지도의 산뜻한 녹음은 한 폭의 산수화로 변해 바다에 떠 있
다. 여기에 주변 섬들이 완벽함을 더한다. 결국 내가 할 수 있는
건 셔터를 누르는 일이다. 내 눈에 담긴 것보다 나은 게 없겠지
만, 그래도 놓칠 수 없는 이 비경을 열심히 카메라에 담아본다.
고갯마루에 이르면 만나게 되는 첫 번째 전망대, 그리고 이어지
는 능선 길 끝에서 만나는 대기봉전망대, 그 두 전망대를 오가
며 만나는 각기 다른 높이의 섬들이 방향에 따라 입체적으로 변
하면서 '아름답다'는 말로도 부족할 만큼 인상적인 풍경을 만
든다. 날씨가 약간 흐린 게 흠이라 할 수 있겠지만 그 또한 자연
의 섭리. 그런 분위기가 주는 은은한 여운 역시 충분히 제 역
할을 하고 있는 것일 게다.

산에서 내려와 다시 차를 타고 해안도로를 달리며 섬 드라이브를 이어간다. 섬 일주도로는 여전히 한적하다. 그래서 더 운치 있는 섬 길을 달려 용왕의 세 딸이 바위로 변했다는 '삼여전망대', 다도해의 섬들이 파노라마처럼 펼쳐지는 '대송 솔구지 전망대', 그리고 마지막 목적지 자부마을(좌부마을)로 향한다. 옛 이름 자부랑포(좌부랑포)에서 이름이 유래돼 지금은 자부마을, 자부랑개(좌부랑개) 등으로 불린다. 이곳은 우리나라 근대 어촌의 발상지로 1900년대에 번성했던 곳이다. 많은 음식점과 술집, 노래 부르는 뱃사람으로 늘 시끄럽고 활기찼고 일제강점기에는 고등어 산지로도 꽤 유명했다. 하지만 지금은 100년의 역사를 조용히 품은 채 한적한 모습으로 마을 사람들과 함께 나이를 먹고 있다. 할머니 바리스타가 커피를 만들어주는 커피숍부터 그때 그 시절의 향수를 은근하게나마 느낄 수 있는 골목길까지, 조용히 둘러보기 좋은 작은 동네다.

한참을 둘러보는데, 마을 할머니 한 분이 나와 옆에서 이것저것 설명해주신다. 알고 보니 골목에 전시된 오래된 흑백사진에도 등장하는 '역사의 산증인'이시다. 자부마을을 가장 잘 알고 사랑하는 할머니의 설명이기에 웬만한 여행책 소개보다 더 생생하고 자세하다. 그냥 지나쳤을 조용한 마을이 할머니 덕분에 왠지 사랑스러운 마을로 느껴질 무렵, 여기저기 헤집고 다니는 여행 청년들이 안쓰러우셨는지 라면 한 그릇을 권하신다. 이곳저곳 다니느라 마침 허기지던 참이기도 하고 라면에 계란 한 개 풀어 밥 말아 먹으라는 할머니의 권유가 차마 뿌리칠 수 없는 매력적인 권유이기도 하지만, 선뜻 해달라는 말이 나오질 않는다. 할머니의 따뜻한 정이라는 걸 잘 알지만, 도시에서 온 나는 어쩐지 폐를 끼치는 것 같아 불편하기만 하다. 점잖게 거절하고 이동하려는 차에 같이 온 넉살 좋은 팀원이 할머니의 권유를 넙죽 받아들인다. "이게 바로 인심이다, 시골 인심"이라며 서글서글 웃는 녀석 말에 할머니도 흥이 났는지 빠르게 라면을 끓이신다. 못 이기는 척 앉았지만 이상하게 가슴이 쿵쿵거린다. 좀 전에 섬 일주를 하며 그 멋진 풍경을 만났을 때보다 지금이 더 쿵쿵거린다. 여행이다. 여행은 자연이고, 경관이라고만 생각했는데 아니었다. 여행은 사람이었다. 라면은 맛있었고, 지치지 말라며 함께 내주신 우유는 달달했다. '알고자 하는 마음'을 가득 안고 욕지도를 찾아왔더니 기어이 알려주셨다.

욕지도는 그랬다. 바다도, 섬도,
사람도 모두 아름다웠다.
그래서 더 그리운 기억이 남아
언젠가 꼭 다시 찾고 싶은 섬이 될 것만 같다.

POINT

욕지도로 가는 배편은 통영항여객선터미널, 삼덕항, 중화항에서 운항 중이다.
통영항여객선터미널 경상남도 통영시 통영해안로 234 / 1661-8253 / www.대
일해운.com
삼덕항 경상남도 통영시 산양읍 원항1길 3 / 055-643-897 / www.yokji.or.kr
중화항 경상남도 통영시 산양읍 연화리 706-17 / 1577-6951 / www.
yokjidoferry.com
세 곳 모두 카페리로 운영 중이니 차를 싣고 욕지도로 들어가면 된다. 3출렁다리는 '욕
지도펜션블루씨'가 위치한 사유지가 속해 펜션 숙박객이 아니면 안쪽으로 차량을 진
입할 수 없다. 경상남도 통영시 욕지면 동항리 423-15에 테니스장 주차장이 있으니
여기에 주차하고 걸어가면 된다. 대기봉전망대까지는 모노레일을 운영했으나 현재 잠
정 휴장 중이다. 그 때문에 대기봉전망대를 만나기 위해서는 등산로를 올라야 한다. 등
산을 꺼리는 여행자에겐 약간의 불편함이 있을 수 있겠지만 그 수고로움이 전혀 아
깝지 않을 만큼 욕지도 최고의 풍경을 선사해준다. 포기하지 말고 꼭 찾아가보길 강력
추천한다. 욕지도에는 '한양식당(055-642-5146)'의 해물짬뽕이 맛있고, 욕지도
할매들이 직접 내려주는 커피를 맛볼수 있는 '할매바리스타(055-645-8121)'가 있
다. 그리고 고등어회와 고구마빵이 명물 먹거리. 첫배를 타고 들어가서 마지막 배로
나온다면 당일치기 여행으로도 충분하고, 여유롭게 섬을 둘러보고 싶다면 1박 2일을
잡고 가도 좋다.

PLUS

욕지도 여행 전후로 통영을 함께 돌아보는 것도 좋다. 통영은 볼거리와 먹거리가 참 많
은 곳인데, 그중 베스트를 꼽으라면 아름다운 벽화 마을 '동피랑마을', 유치환 시인의
이야기를 만나는 '청마문학관과 청마거리', 조선시대 경상·전라·충청의 수군을 총지휘
하던 '삼도수군 통제영과 세병관', 통영 여행이 원픽이라 해도 과언이 아닌, 미륵산 정
상에서 한려수도의 장관을 만날 수 있는 '통영케이블카', 동양 최초의 해저터널을 걸어
서 건너보는 체험을 할 수 있는 '통영해저터널', 한국 현대미술의 거장 전혁림 화백의
'전혁림미술관', 일몰이 아름다운 '달아공원', 통영 시장 투어의 중심 '서호시장'과 '중
앙시장'이 있다. 명물 먹거리로는 '충무김밥', '시락국', '다찌', '꿀빵', '해물뚝배기', '굴',
'우짜' 등이 있다. 30번도 넘게 갔고 통영의 거의 모든 먹거리를 먹어보았는데, 최근에
는 통영에 가면 주로 회를 먹는 편이다. 미수동에 있는 '해원횟집(055-648-2580)'
이 잘하고, '가성비' 좋은 횟집으로는 '한산회식당(055-641-6520)'을 추천한다.

옥지도는 그랬다. 푸르른 바다도, 그 위에 떠 있는 섬들도,
그 속에서 만났던 사람의 마음도 모두 가슴 뜨게 아름다웠다.
그 기억들은 어느덧 그리움이 되고, 언젠가
그 그리움이 다시 밀려들 때쯤
꼭 다시 찾고 싶은 섬이 된다.

부지런한 갈매기 떼가 하루의 시작을 알리면
바닷속에서 조용히 숨을 고르고 있던 다리 하나가
땅 위로 솟아오른다. 웅도의 아침이 시작되는 소리다.

죽기 전

웅
도

봄, 여름, 가을, 겨울
일출~정오

안개가 자욱한 아침 공기 사이로 갯벌이 끝을 숨긴 채 펼쳐져 있다. 이른 시간부터 활동을 시작한 부지런한 갈매기 떼가 하루의 시작을 알리면 바닷속에서 조용히 숨을 고르고 있던 다리 하나가 땅 위로 솟아오른다. 아주 멀리서 들려오는 흐려진 파도 소리 위에 자동차 타이어가 진흙을 밟고 지나는 소리가 덧입혀진다. 웅도의 아침이 시작되는 소리다.

웅도로 가기 위해서는 잠수교인 유두교를 지나야 한다. 차량 1대만 지날 수 있을 정도로 좁은 도로지만, 갯벌을 가로질러 웅도까지 길게 이어진 모습이 보는 이의 탄성을 자아낸다. 아무도 없는 이른 아침의 갯벌, 그중에서도 자욱이 깔린 안개 속에서 유유자적 날개를 펴듯 뻗어 있는 이 다리는 하루에 두 번 바다에 잠긴다. 물이 빠지는 간조 때만 모습을 드러내기 때문에 이 다리를 통해 웅도에 가기 위해선 물때를 미리 확인해야 한다. 잠들어 있는 웅도를 깨우기라도 하듯 조용한 갯벌 위를 홀로 달리며 웅도로 향한다.

갓길에 차를 세우고 카메라를 챙겨 내린다. 비린 듯 시원한 바다 향이 폐 깊은 곳까지 퍼짐을 느끼며 여행을 시작한다. 웅도는 충청남도 서산 근처에 위치한 작은 섬으로, 일대에 있는 가로림만에 속해 있다. 바다가 육지 속으로 파고 들어와 있는 걸 만이라 하는데, 가로림만은 우리나라의 다른 만 중에서도 뚜렷한 호리병 모양을 띠기로 유명하다. 이 가로림만 안에 크고 작은 섬 몇 개가 사이좋게 모여 있는데, 웅도도 그중 하나다.

안개가 자욱이 깔리고 찾는 이가 드문 아침이야말로 참된 매력을 제대로 느낄 수 있는 곳이 있어 지체 없이 다시 차에 오른다. 놓칠 수 없는 그 장관을 만나기 위해 다짜고짜 서둘러 목적지로 향한다. 바로 웅도와 조도를 잇는 갯길이다.

조도는 웅도 바로 옆에 자리한 작은 섬으로, 갯길로 연결돼 있다. 이 갯길 역시 간조 때만 열려 드러나는 길이기 때문에 물때를 맞추는 게 중요하다. 물때를 잘 맞춰 해가 미처 다 뜨기도 전인 이른 시간에 가면 절대 잊지 못할 풍경을 볼 수 있다. 단언하건대 우리나라에서 가장 아름다운 갯길 트레킹을 할 수 있다. 그런 의미에서 차로도 달릴 수 있지만 되도록 직접 걸어보는 걸 추천한다. 처음엔 언제 다 걷나 싶을 정도로 아득해 보이지만, 한두 발짝만 걸으면 이윽고 진면목을 알게 될 것이다.

INFO

예약 여부 없음 **운영 기간** 없음 **운영 시간** 없음 **입장 마감** 없음 **주차&주소** 유두교 입구 충청남도 서산시 대산읍 광암2길 262 <u>조도 갯길</u> 입구 충청남도 서산시 대산읍 웅도리 257-26 **전화** 없음 ※ 잠수교인 유두교는 갯벌 생태 복원을 위해 2024년에 철거되었다. 그 대신, 24시간 상시 섬을 드나들 수 있는 새 다리를 만드는 중으로, 현재 임시 도로가 개설되어 있다.

다 빠져나가지 못한 바닷물이 여기저기 작은 웅덩이를 만든 광활한 갯벌 사이로 자갈이 깔린 길이 끝을 헤아리지 못할 만큼 길게 나 있다. 사방에 가득한 안개로 잠시 몽롱한가 싶더니 이내 영화보다 더 영화 같은 여행이 눈앞에 펼쳐진다. '저벅저벅' 걸음을 옮길 때마다 갯벌을 울리는 자갈 소리에 귀를 기울이다 보면 어느 틈에 머릿속이 깨끗이 비워진다. 그러다 문득 바라본 정면에는 흐릿한 색으로만 남은 조도가 안개 속에 모습을 드러내고 있다. 지금 내가 가고 있는 곳, 가려 하는 곳이 분명한데 안개에 가려 잘 보이지 않는다. 어느새 영화 속을 걷는 것 같은 이 갯길에 마음을 사로잡히고 말았다.

분명 아까까지는, 아무리 양보해도 차에서 내릴 때까지는, 분류할 수 없는 갖가지 고민으로 머리가 복잡하기만 했다. 가끔 이렇게 걱정이 많아질 때가 있다. 걱정은 곧 크고 작은 고민으로 머리에 똬리를 튼다. 작게는 물때를 제대로 맞춘 건지, 얼마나 시간적 여유가 있는지, 안개는 충분히 깔렸는지, 내가 지금 보고 느끼는 이 감정들을 카메라에 잘 담아낼 수 있을지 하는 고민부터, 이 간 길을 건너갔다가 물이 들기 전에 무사히 빠져나올 수 있을까 하는 걱정을 거쳐 내가 하는 여행의 궁극적인 의미에 대한 목적론적인 고민까지 머릿속이 산만했다. 고민이 고민을 낳는다는 말이 맞구나 하는 동시에, 하다못해 그 말을 누가 했더라 하는 불필요한 고민까지 하는 머릿속을 숨기고, 겉으로는 아무렇지 않은 듯 습관처럼 카메라를 꺼내 들어 영상을 찍던 참이었다.

웅도와 조도까지의 거리는 대략 1.4km다. 하루에 두 번만 두 섬을 이어주는 신비스러운 길이 광활한 갯벌 위로 구불구불 이어진다. 어슴푸레 보이는 섬 하나, 그 섬을 향해 걸어가는 길. 잘 포장된 도로도 아닌 좁은 자갈길이 바닷물이 빠진 틈을 타 기특하게도 자기가 가야 하는 길로 야무지게 향하고 있다. 그리고 그 끝에는 아직 형체를 정확히 알 수 없지만 확실히 내가 가고자 하는 '그곳'이 있다. 카메라를 잠깐 내렸다. 헛웃음이 나왔다.

다 까먹었다. 잊었다고 하는 것보단 까먹었다고 하는 게 더 정확한 표현일 듯하다. 말 그대로 현실적이지 않은 광대한 갯벌의 모습에 넋을 놓고 있다 보니 아까까지 뭐 때문에 마음이 불편했는지 까먹어버렸다. 압도되었다. 마치 순례자가 된 것 같은 느낌이다. 오히려 머리가 가벼워지고 마음이 편안해진다. 뭐가 됐든 지금 당장은 이 자연의 위대함에 숙연해지고 싶다. 자연 앞에 인간은 항상 초라한 존재라고들 하지만, 이래서는 내 고민 따위는 너무 초라해 보이지 않은가. 그렇다면 굳이 고민할 필요 없다는 생각이 머리를 스쳤다. 안개 속에서도 제대로 나를 기다리고 있는 저 조도처럼 어차피 내가 갈 곳은 정해져 있으니까.

조도에 이르렀을 무렵 마침 안개가 서서히 걷히고, 어느덧 햇빛이 갯벌 전체를 비추기 시작한다. 이른 아침 사광(아침이나 늦은 오후, 낮은 각도에서 대각선으로 세상을 비추는 햇빛) 아래에서만 만날 수 있는 눈부신 황금빛 갯벌이 광활하게 펼쳐진다. 그 위로 길게 이어져 있

POINT ━━━━━━━━━━━━━━━━━━━━━━━━

웅도를 만나기 위해서는 물때를 알고 가야 한다. 물때표는 인터넷 검색창에 '웅도 물때표'로 검색하면 날짜별 물때 시간을 자세히 알 수 있다. 여행 일은 아침에 물이 빠지는(간조) 날을 선택하는 것이 좋다. 월령에 따라 조금씩 다르지만 간조 시각 전후로 2~3시간까지는 길이 열려 있다. 간조 시간 전 물길이 열리기 시작할 무렵 유두교를 건너 조도 갯길을 첫 코스로 잡는 게 비교적 여유롭고 안전하다. 간조를 지나 물이 들기 시작할 무렵에 조도로 들어가다가는 물길이 닫혀 제때 빠져나오지 못할 수도 있으니 유의하자. 조도 갯길 트레킹을 마친 후 시간적 여유가 된다면 마을에서 수호신으로 섬기는 400년 수령의 웅도반송을 만나보고, 웅도 해안 산책로와 매섬 갯길도 만나보자(해안 산책로 & 매섬 갯길 주차장 / 충청남도 서산시 대산읍 웅도리 15-2). 단, 웅도 여행은 간조 시간 전후로 유두교가 열려 있는 4~6시간(월령에 따라 조금씩 다름) 이내에 끝내야 섬을 빠져나올 수 있다. 제때 나오지 못하면 반나절가량 섬에 갇히게 된다. 조도 갯길과 닮은 매섬 갯길은 일몰이 질 무렵이 가장 아름답다. 매섬 일몰을 만나기 위해서는 서산의 다른 여행지를 둘러보다가 오후 간조 시간에 맞춰 다시 찾으면 된다. 매섬 일몰을 감상하고 나서 웅도를 빠져나오면서 만나는 유두교의 야경 역시 놓치기 아까울 정도로 아름답다. 바다가 들어왔다 흔적을 남기고 간 축축하게 젖어 있는 갯벌과 그 위를 가로질러 나 있는 유두교. 일렬로 늘어선 가로등 불이 하나둘씩 켜지고, 젖어 있는 갯벌과 다리 위로 반짝거리는 불빛이 흩어져 그림같이 예쁘고 낭만적인 야경을 만들어낸다. 서산에 가면 꼭 먹어봐야 할 음식은 굴밥이다. 간월도 인근에 수많은 굴밥 전문점이 모여 있는데, 개인적으로 '큰마을영양굴밥(041-662-2706)'을 자주 찾는다.

※ 잠수교인 유두교는 갯벌 생태 복원을 위해 2024년에 철거되었다. 그 대신, 24시간 상시 섬을 드나들 수 있는 새 다리를 만드는 중으로, 현재 임시 도로가 개설되어 있다

PLUS ━━━━━━━━━━━━━━━━━━━━━━━━

· **개심사와 유기방 가옥** 4월에 서산을 찾는다면 꼭 가봐야 할 곳이다. 봄이면 아름다운 꽃절이 되는 개심사는 청벚꽃이 아름답고, 유기방 가옥은 봄바람에 한들거리는 노란 수선화의 물결이 아름다운 곳이다.

· **해미읍성** 낙안읍성(순천), 고창읍성(고창)과 더불어 우리나라 3대 읍성 중 한 곳인 해미읍성이 서산에 위치한다. 아름다운 바다를 임한 성이라는 뜻을 지닌 조선시대 석성으로 천주교 성지로도 널리 알려져 있다.

· **간월암** 무학대사가 달을 보고 깨달음 얻은 곳이라 해서 간월암(看月庵)이라 불리는 바다 위 작은 섬 간월도에 위치한 암자다. 간월도는 물이 들면 섬이 되고 물이 빠지면 육지가 되는 섬이라 간조 시간에 찾아가야 만날 수 있다.

는 눈부시게 빛나는 외길 하나. 세상 풍경이 아닌 듯 신비롭다. 내가 걸어 지나온 저 길이 어쩌면 내가 살아온 인생길과도 닮은 듯하다. 어디가 끝인지 알지 못한 채 수없이 많은 고민과 두려움을 안고 걸어왔지만 지나와서 되돌아보면 참 아름다웠던 내 인생길 말이다. 다른 게 있다면 이 길은 끝이 났고, 내 인생길은 아직 그 끝을 알 수 없다는 것.

이제 곧 물이 다시 차오를 것이다. 서두르지 않으면 낭패를 보게 된다. 듣는 이는 없지만 갯벌에 크게 인사하고 걸음을 재촉해 차로 돌아온다. 이제 곧 유두교도 바다에 잠길 것이다. 속도를 내 유두교를 지나 웅도를 빠져나온다. 아쉬움에 다시 뒤를 돌아보니, 차로 달리고 걸었던 곳이 어느새 모두 바다가 되어 있다. 하루에 두 번 바다에 잠기는 곳. 잠시 꿈을 꾼 것만 같다.

이른 아침 웅도에서 만나는 신비로운 갯길은 그런 곳이다. 인적 없는 드넓은 갯벌, 안개 속으로 아득히 이어지는 길. 그 위를 오직 홀로 주인공이 되어 걷는 길. 외로이 홀로 걷는 우리 인생을 닮은 길. 그 속에 고민도 두려움도 묵뎌지도 설렘도 환희도 모두 담겨 있다. 마치 우리 인생처럼 되돌아보면 잊지 못할 추억이 되는 길이다.

그래서 나는 이 길을 '인생의 길, 순례자의 길'이라 부른다.

드넓은 갯벌을 가로질러 안개 속으로 아득히 이어지는 길.

그 위를 오직 홀로 주인공이 되어 걷는 길.

마치 언제나 홀로 걷는 우리 인생을 닮은 길.

그래서 나는 이 길을 '인생의 길, 순례자의 길'이라 부른다.

이른 아침 '웅도'에서 만나는 신비로운 갯길은 그런 곳이다

죽기 전

무
건
리
이
끼
폭
포

푹푹 찌는 여름이 되면
푸른 이끼가 폭포를 뒤덮는다.
소름이 돋을 정도의 신비로움이다.

여름(7월 중순~8월 중순)
오전
*우천 후 1~2일 이내 맑은 날

우리나라에도 조금 특별한 여행지가 한 곳 있다. 매번 바다며 산이며 다소 평범한 여행지만 줄곧 다녔다면 이번엔 이곳을 추천해주고 싶다. 산속 골짜기에 숨은 비경인데, 여느 산에 있는 골짜기나 계곡, 폭포를 생각하면 오산이다. 도착하자마자 우리나라에도 이런 곳이 있었나 싶은 놀라움부터 느끼게 하는 곳. 바로 무건리 이끼폭포다.

늘 이야기하는 나만의 레퍼토리지만, 여행에는 언제나 '때'가 있다. 같은 여행지라도 언제, 어느 계절, 어느 시간대에 가느냐에 따라 그 모습이 천양지차로 달라진다. 때에 따라 그저 그런 평범한 여행지가 될 수도 있고, 죽을 때까지 잊지 못할 최고의 여행지가 될 수도 있다. 이곳도 그런 곳 중 하나다. 언제 방문하느냐에 따라 평범한 산골짜기 폭포가 될 수도, 입이 떡 벌어지는 비경이 될 수도 있다. 이곳은 반드시 여름에 찾아야 한다. 날이 푹푹 찌고 가만히 있어도 땀이 비 오듯 쏟아지는 계절에 가야 한다.

꼭 여름에 찾아야 하는 이유는 이곳만의 비밀 무기인 푸른 이끼 때문이다. 여름만 되면 험한 산골짜기에 깊숙이 숨어 있는 폭포 주위를 푸른 이끼가 가득 덮는데, 그 신비로움에 닭살이 돋을 정도다. 조금 비약하자면 한국이 아니라 마치 아마존에 와 있는 듯한 기분까지 든다. 이끼로 가득 덮인 채 시원하게 물줄기를 뿜어 떨어뜨리는 폭포의 모습이 마치 아마존 정글 같다. 그만큼 이국적이고 원시적이다. 하지만 여름이 지나면 이런 태초의 모습도 곧 사라지고 만다. 평범한 폭포가 되어버리는 것이다.

　이곳에 처음 왔을 땐 찾는 이가 그리 많지 않았다. 언제 오든 올 때마다 나와 폭포, 둘뿐이었다. 오는 길까지 험난하기 때문에 올 때마다 오지 탐험이라도 하는 기분이다. 30℃를 넘나드는 무더운 여름날, 차가 들어올 수 없어 1시간 30분 넘게 임도와 산길을 걸어야 한다. 등허리에 흐르는 땀은커녕 얼굴에 흐르는 땀조차 닦을 여유 없이 그저 정신력 하나로 버티고 버텨 도착하면, 한낮인데도 물안개

INFO ━━━━━━━━━━━━━━━━━━━━━━━━━━━━━━━━━━━

예약 여부 없음 **운영 기간** 없음 **운영 시간** 없음 **입장 마감** 없음 **주차** 강원도 삼척시 도계읍 무건리 124-1 **주소** 강원도 삼척시 도계읍 무건리 산86-1

가 자욱하게 끼고 푸른 이끼로 가득한 폭포가 나온다. 흡사 탐험가 앙리 무오가 캄보디아 시엠레아프의 험한 정글을 탐험하다 신비로운 앙코르 유적을 발견한 것만 같다. 상상했던 것 이상의 웅장함, 그리고 태초의 모습. 예전에는 지금처럼 관람 덱이 설치되기 전으로, 폭포에 덩그러니 매달린 밧줄을 타고 올라 여행해야 했다. 아무도 없는 물안개 낀 폭포, 그리고 사방에 가득 낀 푸른 이끼. 나에게 무건리 이끼폭포는 태초의 모습을 그대로 간직한 야생의 자연, 탐험이었다.

이 폭포를 찾으려면 내비게이션에 '강원도 삼척시 도계읍 산기길 362'를 목적지로 입력해야 한다. 목적지에 다다르면 차단기로 막혀 있는 임도가 나온다. 여기에서부터는 차를 두고 무작정 걸어야 한다. 첫판부터 무지막지한 오르막길로 시작하는 약 3.5km 길이 오지 탐험의 서막이다. 성인 남자의 걸음으로 1시간 30분 정도 걸어야 한다. 그것

도 한여름에 말이다. 여름인 만큼 온몸이 땀에 저는 듯한 더위도 참아야 한다. 또 임산도로이기 때문에 산뜻하고 쾌적한 산책로를 기대해서도 안 된다. 결코 쉽지 않은 여정인 만큼 만반의 '마음 준비'가 필요하다. 걸어도 걸어도 끝이 보이지 않는 한여름 더위와 사투를 벌이며 걸어가는 길. 죽을 것 같은 고통의 한계에 다다를 무렵 '무건리 이끼폭포'라고 쓰여 있는 이정표가 보일 것이다. 이제 여기서부터 450m 정도만 더 걸으면 제1폭포가 나온다. 여기부터는 등산로인데, 아마 이 여행의 마지막 고비쯤 되지 않을까 싶다. 다시 말하지만 쾌적하고 넓은 산책로가 아니다. 조금의 과장을 보탠다면 비경을 찾아 오지 중의 오지를 탐험하며 여러 관문을 통과해 가는 느낌이다.

그렇게 스스로를 달래고 혼내가며 열심히 걷다 보니 드디어 제1폭포다. 온 천지가 푸른 이끼로 덮여 있는 신비로운 폭포의 풍경. "와" 하는 감탄사가 절로 나온다. 그냥

한마디로 '입틀막'이다. 한여름을 관통해온 혼돈의 고통이 씻겨져나갈 만큼 보물 같은 비경이다. 하지만 여기가 끝이 아니다. 진짜 보물은 제2폭포에 있다. 제1폭포보다 더 아름답고 신비롭다. 예전에는 밧줄을 타고 제2폭포까지 가야 했지만, 몇 해 전부터 관람 덱이 생겨 더 쉽게 갈 수 있게 됐다. 물론 덱이 인공 시설물인 만큼 예전의 원시적이고 야생적인 매력이 조금은 덜해졌지만, 오히려 무분별한 자연 훼손을 막을 수 있다고 하니 잘된 일이다.

싱그러운 초록빛 이끼를 치마처럼 가득 두른 좁은 협곡 속. 여러 갈래로 나누어진 물줄기들이 형식 없이 자유분방하게 흘러내리며 이끼를 적신다. 한낮임에도 냉기가 맴돌아 물안개를 연기처럼 피워내는 신비로운 풍경. 말 그대로 '태초의 풍경'이다. 신선들도 아껴 숨겨두었을, 글자 그대로 '비경(祕境)'이라는 표현이 전혀 아깝지 않을 만큼 신비로운 풍경이 머물러 있는 곳이다.

귀를 넘어 머릿속을 거쳐 마음 깊숙한 곳까지 떨어지는 물줄기 소리. 눈은 푸르디푸른 이끼폭포의 모습에 사로잡히고 귀는 시원한 폭포 소리에 사로잡힌다. 도중에 돌아가지 않고 여기까지 걸어 이 장관을 볼 수 있게 해준 내 두

POINT ————

고산 등정보다는 난도가 낮겠지만, 여행자에게는 멀고 힘든 여정이다. 거기다 한여름 무더위를 뚫고 가야 하는 곳이다. 지치지 않도록 물과 간식을 충분히 챙겨 출발하는 것이 좋다. 이른 아침에 찾아가는 것이 좋은데, 그 시간에 찾아야 더위를 피하는 것은 물론, 인적 없는 신비로운 태초의 풍경을 온전하게 감상할 수 있다. 낮에 간 적이 있는데, 사람들로 번잡해서 제대로 즐기지 못했던 기억이 있다. 이런 태초의 자연 앞에는 홀로 서야 온전히 감동을 느낄 수 있다. 6월부터 8월까지 푸른 이끼를 만날 수 있지만 7월이 가장 좋다. 처음 이곳을 방문하고 그 감동을 잊지 못해 같은 달 다시 찾아갔을 만큼 평생 잊지 못할 신비로운 풍경이다. 비 오는 날은 피하고, 우천 후 1~2일 이내에 찾아가야 폭포의 수량이 좋다.

다리가 새삼 고마워진다. 세차게 떨어지며 큰 소리를 내는 폭포 소리에 집중하다 보면 오히려 아무 소리도 들리지 않는 듯한 착각에 빠지게 된다. 아주 시끄러운 곳에 있는데 내 안은 그 어떤 때보다 매우 조용하다.

———

우리나라에서 아직까지 훼손되거나 오염되지 않은 천연 이끼폭포를 볼 수 있다는 것 하나만으로도 이곳의 가치는 말할 것도 없다. 차를 타고 편하게 왔다 다시 편하게 가는 여행이 아니기 때문에 무건리 이끼폭포 여행은 더욱 값지다. 마치 이 신비를 경험하고 싶으면 기꺼이 두 발로 열심히 걸어오라는 폭포의 무언의 요구인 양 느껴진다. 대가 없는 자연의 아름다움보다 오히려 더 마음에 든다. 갈 때마다 수없이 망설여지는 여행이지만, 결국 올여름에도 나는 다시 그 오지에 서 있을 것이다.

PLUS ——————

· **환선굴과 대금굴** 삼척은 동굴의 고장이라 불릴 만큼 동굴이 많은 곳이다. 그중 억겁의 시간이 만든 걸작이라 불리는 환선굴과 대금굴이 대표적이다.

· **미인폭포** 한국의 그랜드캐니언이라 불리는 통리협곡에 위치한 옥빛 미인폭포가 멀지 않은 곳에 있으니 꼭 함께 찾아보길 추천한다.

'태초의 풍경'.

신선들도 이제 숨겨두고 싶잖은 '비경(祕境)'.

평생 잊지 못한 그 신비로운 풍경이 머물러 있는 곳.

초록빛 이끼를 두른 여름날의 '무건리 이끼폭포'다.

서글픈 한이
아름다운 물줄기가 되어
마냥 흘러내리는 곳
옥빛 치마가 더욱 서글퍼진다.

죽기전

미인폭포

봄, 여름, 가을
AM 09:00 전후

사랑하는 남편을 여읜 여인이 몸을 내던졌다는 미인폭포. 그 여인이 흘리는 눈물이라도 되는 양 한이 서린 좁은 물줄기가 쉬지 않고 흘러내린다. 광활한 물줄기를 내뿜으며 눈과 귀를 압도하는 다른 유명 폭포들과는 달리, 여리지만 꾸준하고 깨끗한 물줄기가 마음을 압도한다. 이름의 유래 때문일까, 떨어지는 물줄기에 서린 한이 눈에 보이는 것만 같다.

삼척의 통리협곡에 자리한 미인폭포는 주차장에서 협곡 아래로 난 좁은 등산로를 따라 15분 정도는 걸어야 자신의 모습을 보여준다. 초록빛 신록이 가득한 숲 사이 오솔길로 이어지는 길. 그 청명한 숲길을 쉬엄쉬엄 걸으며 마음을 차분히 한다. 걷는 도중에도 가끔씩 고개를 내밀듯 일부를 보여주는 통리협곡의 웅장한 모습에 벌써부터 맘이 들뜬다. 햇빛이 잘 들지 않을 정도로 나무가 무성한 산길을 새소리 벗삼아 걷다 보면 어느새 땅을 울리는 물소리가 들리기 시작한다.

좁은 등산로 끝에서 마주한 폭포는 맑은 옥빛을 곱게 발하고 있다. 시원하게 탁 트인 모습이 누구라도 첫눈에 반할 만큼 화려하고 웅장하다. 하늘 높이 멋스럽게 솟은 퇴적층 사이로 쉴 새 없이 물줄기가 시원하게 내리친다. 처음에는 좁았던 물줄기가 점점 넓게 퍼지며 떨어진다. 그 웅장함에 오늘도 속절없이 작아지려 하는 스스로를 어떻게든 다독이며 조금 더 앞으로 다가가본다. 어째서 사람은 폭포 앞에만 서면 작아지는 것일까. 폭포 앞에 다다라 오늘도 스스로에게 질문을 던져본다.

1억 년의 세월을 지나 억겁의 오늘을 버텨내고 있는 이 유려한 형태의 폭포 앞에서 인간이란 얼마나 작디작은 존재인가를 새삼 깨닫는다. 나는 억겁은커녕 수천 일의 오늘도 간신히 버텼을 뿐이다. 급이 다른 존재의 차이에 주눅 들지 않으려 애를 써보지만 역시나 쉽지 않다. 여행을 할 때마다 느끼는 사실은 사람의 시간보다 자연의 시간이 더 길다는 것. 자연 앞에 사람은 미물일 뿐이라는 것.

나는 이런 여행지를 좋아한다. 오랜 시간을 그 모습 그대로 변함없이, 앞으로도 그대로 오랫동안 변치 않을 풍경. 긴 시간 동안 여전히 같은 모습으로 묵묵히 흐르고 있는 풍경이다. 그 풍경이 수없이 많은 시간을 지나는 순간 중 지금이라는 한 찰나에 내가 서 있게 되는 것, 그것이 나에겐 여행이 주는 가장 큰 매력이다. 길고 긴 자연의 시간 앞에 찰나의 순간에 지나지 않을 사람의 시간으로 마주 서게 되는 것. 그런 가슴 뭉클한 감동을 느낄 수 있기 때문이다.

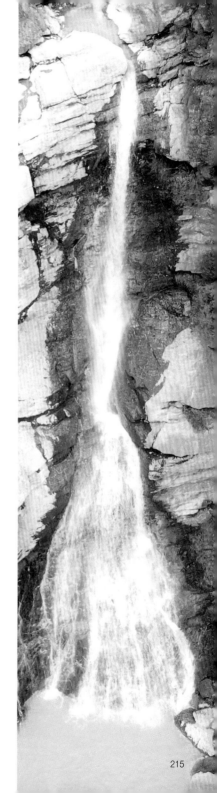

　지금 이 순간에도 나는 그런 감동을 느끼고 있다. 바람이
분다. 이슬처럼 부서져 바람에 흩날려 몸에 와닿는 미세한
물방울이 참 시원하다. 말없이 서서 폭포를 올려다보며 기분
좋은 교감을 나눠본다.

　미인폭포는 지질학적 가치와 의미가 매우 큰 곳이다. 자
그마치 1억 년이라는 아주 오랜 시간 동안 퇴적층이 침식과
풍화작용을 반복하며 만들어졌다. 형성 과정과 지질구조가
그랜드캐니언과 비슷해 한국의 그랜드캐니언으로 불리기도
한다. 매우 세계적이면서 지극히 한국적인, 한국이 숨겨둔
우리만의 비경이고 절경인데, 뜻밖에도 많이 알려지지는 않
았다. 그래도 그 덕분에 가끔 좋은 타이밍을 만나면 지금처
럼 이렇게 혼자서 조용히 폭포를 감상할 수 있는 기회가 생
기기도 한다. 나는 이런 시간을 사랑한다. 그래서 조금은 무
리해 사람들이 찾지 않을 만한 시간대를 골라 이곳을 찾는

다. 쉬지 않고 떨어지는 물줄기를 혼자서 가만히 바라보고 있노라면, 어느새 마음 가득 의미 모를 감정이 고개를 쳐들기 시작한다.

양가감정(兩價感情)이다. 힘차게 내리치는 물줄기에 가슴이 뻥 뚫리는 시원함이 올라오다가도 한시도 쉬지 않는 물줄기에 금세 서러워진다. 원래 폭포라 하면 마냥 웅장하고 멋있다는 감상이 대부분인데, 이 여리디여린 폭포는 내게 그런 일반적인 감상을 허락하지 않는다. 맑은 공기부터 지저귀는 새소리까지 더할 나위 없이 좋은 이 순간이 이유도 없이 처연해진다. 마음이 차분해지고 생각이 정리되지만, 그 양상이 평소와는 다르다. 홀가분한 시원함이 아니라 쓸쓸한 차분함이다. 지금 내가 하는 고민이 결국에는 어쩔 도리가 없는 것임을 분명하게 인정하고 마주 봐야 한다는 쓸쓸한 차분함이 축축한 습기와 함께 온몸을 감싼다. 갑자기 모든 순간이 허무해지지만 그럼에도 멈추지 말고 두 발로 걸으라고, 여리고 여린 물줄기가 덤덤히 이야기한다.

　아무런 돌에나 앉아 낙하하는 눈물을 한참 동안 바라보
다 자리를 털고 일어난다. 생각보다 꽤 오랜 시간이 지났다.
나 대신 흘려주는, 이 그치지 않는 눈물을 흐르는 채로 놓아
두고 다시 왔던 길로 돌아가기로 한다. 그칠 일은 없겠지만
그렇다고 멈추는 일도 없을 것이다. 떠나기 전 잠깐 뒤돌아
본 폭포는 역시나 아무 말이 없다.

INFO ———————————————————————————————
예약 여부 없음 **운영 기간** 우천, 해빙기, 낙석 등 안전사고 위험 시 통행 제한 **운영 시간** 하절
기(3~10월) 09:00~18:00, 동절기(11~2월) 09:00~17:00 **주차** 강원도 삼척시 도계읍
심포리 산115-18 **주소** 강원도 삼척시 도계읍 문의재로 77-162 **전화** 없음

POINT ———————————————————————————————
미래사 입구 주차장에서 걸어 내려가면 미래사를 지나서 미인폭포를 만날 수 있다. 도보로는
10여 분 소요된다. 해가 들기 전 오전에 물빛이 더 푸른색을 띤다. 폭포의 수량이 적당해야 아
름답기 때문에 비가 많은 날이나 오랫동안 비가 오지 않은 시기는 피하는 게 좋다.

PLUS

· **동활계곡과 덕풍계곡 드라이브** 길이 끊어질 것만 같은 좁고 깊은 협곡 사이를 차로 달리는 동활계곡을 지나 시원한 계
곡을 바짝 끌어안고 달리는 덕풍계곡까지 이어지는 드라이브 코스가 일품이다. 동활계곡은 단풍나무가 많은 구역이라
가을 단풍철에 방문하는 것이 가장 좋다. 덕풍계곡은 여름휴가 명소라 여름에 가도 좋지만, 조용한 계곡 드라이브를 즐기
고 싶다면 여름휴가철을 피해 가는 게 좋다.

· **무건리 이끼폭포** 트레킹에 자신 있다면, 푸른 이끼가 가득한 태초의 풍경을 만나는 무건리 이끼폭포를 추천한다. 단,
여름에만 볼 수 있는 풍경이다.

· **태백시 권역 여행** 미인폭포는 태백시와 삼척시 경계에 위치해 차로 10분 정도만 이동하면 태백 시내권이다. 태백 시내
인근에 꼭 가봐야 할 여행지로는 강이 산을 뚫은 풍경 구문소와 30~40년 전 번성했던 탄광촌 풍경에 멈춰 선 철암탄광
역사촌, 낙동강의 발원지 황지연못이 있다. 모두 미인폭포에서 멀지 않은 거리에 있다.

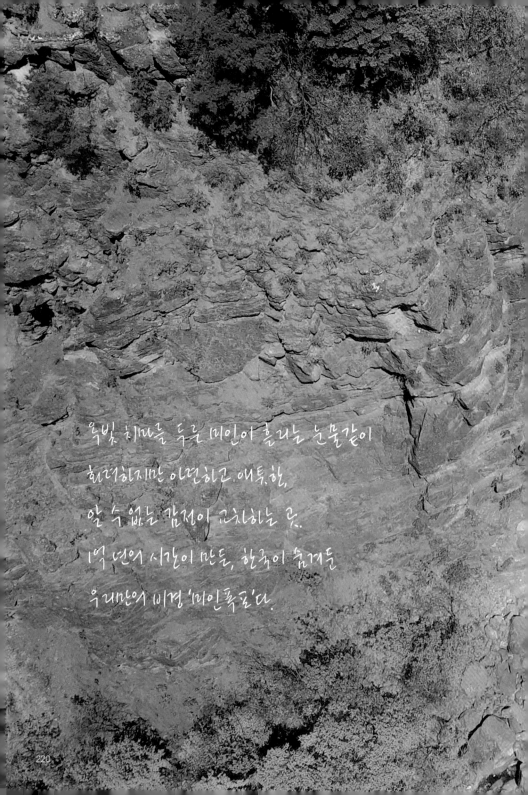

옥빛 치마를 두른 미인이 흘리는 눈물같이

화려하지만 아련하고 애틋한,

알 수 없는 감정이 교차하는 곳.

1억 년의 시간이 만든, 한국의 숨겨둔

우리만의 비경 '미인폭포'다.

자연에 느끼게 되는
동경의 감정이
순식간에 인외로 바뀐다.

죽기 전

구
문
소

봄, 여름, 가을, 겨울
오전~오후

여행을 하다 보면 가끔 자연이 무서워질 때가 있다. 사람이 온갖 기술을 쓰더라도 결코 만들 수 없을 듯한 것들을 너무도 간단하게 만들어놓은 광경을 볼 때 그렇다. 우리는 이런 것들을 흔히 '비경'이라고 부르는데, 여기에 오랜 역사까지 더해지면 자연에 느끼게 되는 동경의 감정이 순식간에 인외(寅畏, 공경하고 두려워함)로 바뀌게 된다.

구문소도 그중 하나다. '굴이 있는 연못'이라는 뜻인데, 마치 미리 짜고 재단해 잘라놓은 것처럼 산 일부에 구멍이 뚫려 있다. 그리고 그 구멍으로 황지천이 지나간다. 말 그대로 '산을 뚫은 강'이다. 조선시대에 쓰여진 지리서 《산경표(山經表)》의 기본 원리이자 김정호의 '대동여지전도(大東輿地全圖)' 발문에서도 언급된 '산자분

수령(山自分水嶺)'에서 파생된 말로 '산은 강을 건너지 못하고, 강은 산을 넘지 못한다'는 말이 있다. 그 불변의 법칙을 오직 자연의 힘으로 깨버린 우리나라에서 유일한 곳. 강이 산을 관통해서 흐르고, 산이 강을 건너 이어지는 곳이 바로 '구문소'다.

그대로도 재미있는 이곳에 더욱 흥미진진한 전설이 하나 내려온다. 이곳 황지천에 살고 있던 백룡과 근처 철암천에 살고 있던 청룡이 싸웠다는 이야기다. 결과는 백룡의 승리. 그때 승리한 백룡이 승천하면서 이 구멍이 생겼다고 한다. '그래, 원래 이런 전설이 하나쯤은 있어야 더 재미있는 법이지' 하고 웃어 넘길 만한 이야기지만, 실제 이곳에 와 그 모습을 보면 마냥 웃을 수만은 없게 된다. 말도 안 되는 신비한 모습을 눈으로 본 후에는 어쩌면 아예 지어낸 이야기도 아니겠다 싶을 만큼 소름 끼치는 비경이다. 오히려 이곳을 나타내는 비유 중 하나인 '신선들이 무릉도원으로 들어가는 문'이라는 표현이 너무 겸손한 것이 아닐까 싶을 정도다.

그 무릉도원으로 들어가는 문 너머에는 황지천을 따라 고생대에 형성된 독특한 지질구조와 지질학적으로 큰 가치와 의미를 지니고 있는 퇴적층이 있다. 그 위로 크고 작은 폭포와 고생대 화석이 있어 지질학적으로 살아 있는 박물관과도 같은 곳이다. 결국 그 모든 가치를 인정받아 천연기념물로 지정되어 보호되고 있다. 한마디로 수억 년 세월의 흐름을 한눈으로 확인하며 자연의 위대함을 느낄 수 있는 아주 소중한 곳이다.

언제 가도 좋지만 가슴이 답답해질 때 가면 특히 더 좋다. 드라이브에 최적화된 곳인데, 산 한가운데를 뚫고 흐르는 강 주위로 도로가 시원하게 뻗어 있다. 당연히 도심보다 통행하는 차가 적기 때문에 시원한 바람을 쐬며 비경 속을 달리기 매우 좋다. 이 길을 달려가면 낙동강의 발원지 황지천을 만날 수 있고, 석탄 산업의 호황기를 누렸던 1970~1980년대 태백 탄광촌의 모습으로 그대로 멈춰 있는 시간 여행지 '철암탄광역사촌'으로 이어진다.

광활하게 흐르는 황지천과 수천 년의 세월을 살아온 구문소 곁에서 열심히 달리다 보면, 결국 나는 아주 작은 네모난 상자를 타고 매우 느린 속도로 달리는 약

INFO ────
예약 여부 없음 **운영 기간** 없음 **운영 시간** 없음 **입장 마감** 없음 **주차** 강원도 태백시 동점동 498-9 **주소** 강원도 태백시 동점동 134-2 **전화** 없음

하고 여린 인간일 뿐이라는 것을 실감하게 된다. 그러다 보면 같은 맥락으로 그동안 나를 부단히도 괴롭혀오던 것들도 결국은 아주 작은 모래 알갱이가 아니었나 싶어진다. 그래서 나는 여기가 좋다. 문득 답답함이 한계치를 벗어날 때면 이곳을 떠올리곤 한다. 눈앞의 장애물을 비켜 전속력으로 달리는 개미는 우리 눈에 그저 한 줄로 걷는 것처럼 보일 뿐이다. 태산이 높다 하되 하늘 아래 뫼일 뿐이라 했던가.

생각한 것보다 더 크게 다가오는 곳. 그래서 자신이 얼마나 작은 존재인가를 무참히도 상기시키는 곳. 그러나 오히려 그 덕분에 모든 것이 홀가분해지는 신기하고 무섭고 즐거운 곳이다.

POINT

석포역에서 구문소까지 이어지는 약 8km 거리의 길은 낙동강과 철길을 따라 달리는 구간으로 드라이브 코스로도 아주 운치 있고 좋다. 구문소 주차장에 주차를 하고 구문소 정면을 관람한 후 구문소 뒤편으로 가려면 인공 석굴을 지나야 하는데, 인도가 없고 낙석이 위험한 길이라 차로 이동해야 한다. 구문소 뒤편으로 가면 삼형제폭포와 더불어 고생대에 형성된 지질층과 화석을 육안으로 관찰할 수 있고, 태백고생대자연사박물관도 만날 수 있다. 태백을 찾으면 꼭 먹어봐야 할 먹거리가 있는데, 태백한우와 물닭갈비다. 태백한우는 주로 실비집 형식으로 운영하는 유명한 식당이 많고, 이름난 물닭갈비집도 시내 곳곳에 포진되어 있다. 그중 '태백닭갈비(033-553-8119)'와 '원조태성실비식당(033-552-5287)'을 즐겨 찾는다.

PLUS

· **철암탄광역사촌** 30~40년 전 번성했던 탄광촌의 풍경에 머물러 있는 곳이다. 마치 시간 여행을 하듯 마을 곳곳 집집마다 설치된 전시 시설을 찾아보는 재미가 있다.
· **황지연못** 우리나라에서 가장 긴 강, 낙동강의 발원지다. 상지, 중지, 하지로 이루어진 3개의 작은 연못에서 하루 5,000톤의 물이 용출되어 그 물길이 장장 1,300리를 흘러가 남해 바다를 만나게 된다.
· **미인폭포** 옥빛 치마를 두른 미인을 닮은 아름다운 폭포. 삼척 '미인폭포'가 구문소에서 멀지 않은 곳에 있다.

'산은 강을 건너지 못하고,
강은 산을 넘지 못한다'는 말이 있다.
그 불변의 법칙을
오직 자연의 힘으로 깨버린
우리나라에서 유일한 곳.
강이 산을 관통해서 흐르고,
산이 강을 건너 이어진다.
산을 뚫은 강을 만나는 비경
'구문소'다.

끝이 보이지 않는
동강의 굽이진 강변을 따라
길고 긴 시간을 앞만 보고 달려온
강물을 쫓아 내달리는 길.

죽기 전

동강 드라이브

봄, 여름, 가을, 겨울
오전~오후

굽이굽이 산을 감아 수십 번을 굽이쳐 흐르는 강변을 따라
장장 28km의 좁은 국도를 넋을 잃고 달리게 되는 드라이
브 코스가 있다. 가만히 풍경을 보며 내달리다 보면 조금
전에 무슨 생각을 하고 있었는지조차 기억나지 않게 만드
는 아름다운 길이다. 끝이 보이지 않는 동강의 굽이진 강변
을 따라 길고 긴 시간을 앞만 보고 달려온 강물을 쫓아 내
달리는 길. 10년 전에도 20년 전에도 그랬고, 지금도 여전

히 변치 않는 아름다움을 고이 간직하고 있는, 내가 사랑하
는 길, 우리나라 내륙 드라이브 코스의 백미 '동강 드라이
브 코스' 정선 구간이다.

　　이 길은 조양강이 정선읍을 돌아 나와 이름이 바뀌
어 동강이라 불리는 지점인 정선읍 광하리부터 시작된다
(길 시작점에 광하탐방안내소가 있다). 이 드라이브 길은
28km를 달리는 동안 오른쪽으로 동강을 바짝 끌어안고 달
리는 강변길로, 평창과 영월을 마주하는 경계인 신동읍 덕

천리에서 끝을 맺는다.

이곳의 매력은 길이에만 있지 않다. 길 자체가 주는 분
위기가 한몫하는데, 여러 개의 차로로 넓게 잘 닦인 드라이
브 코스를 생각하면 오산이다. 편도 1차로밖에 없는 강변
을 따라 달리는 아주 소박한 길이자, 강과 나란히 서서 강
이 그리는 곡선을 따라 굽이쳐 흐르는 길이다. 강변을 따

라 내달리는 차를 응원이라도 하듯 양옆으로 높고 낮은 산
이 이어져 있다. 어떨 때는 조용한 강가만, 어떨 때는 푸른
밭으로 가득한 작은 마을들이 가만히 손을 흔들어 환영한
다. 드라이브에 음악이 빠질 수는 없는 법. 이 고요하고 조
용한 자연의 길에서는 음악을 끔으로써 비로소 진짜 음악
이 시작된다.

드라이브의 종착지까지 28km라는 결코 짧지 않은 길
을 가는 동안 꽤 볼만한 곳이 많이 있다. 강 한복판을 가로

지르는 귤암교와 가수리는 시원한 물살을 보며 잠시 숨을
돌리기 좋고, 와인 잔 모양으로 나 있어 '와인 잔 폭포'라고
불리는 '미리내폭포'는 여행의 추억을 남기기에 매우 좋다.
동강이 산을 에워싸고 둥그스름하게 흐르는 기막힌 형상의
나리소를 조망할 수 있는 나리소전망대도 빼놓을 수 없는
명소다. 굳이 무언가를 하지 않아도 눈에 담는 순간이 체험
이 되고 경험이 되는 곳이다.

　이렇게 시원하게 뚫린 길을 주변의 선선한 공기를 마
시며 달리다 보면 많은 것을 버릴 수 있어 좋다. 앞으로 내
달리면서 뒤로는 해묵은 것을 버릴 수 있어 좋고, 그러면서
그 모든 자국이 바퀴 자국으로 남아 보일 듯 말 듯 기록되
는 것도 좋다. 얼마의 사람들이 찾아도 언제나 청정의 순백
으로 맞아주는 곳. 바로 시원하게 앞만 보며 달리는 동강의
드라이브 코스다.

길 위에 수많은 명소가 있지만 그중에서 한 곳만 뽑으라면 제장마을에서 연포마을까지 이어지는, 하늘벽이라 불리는 칠족령 뼝대다. 뼝대는 강원도 사투리로 '바위로 이루어진 높고 큰 낭떠러지'라는 뜻이다. 차를 몰고 길을 달리는 동안 이따금씩 보였던 키 높은 수직 절벽이 모두 뼝대다. 하지만 그중에서 '칠족령'은 강을 따라 굽이쳐 행렬하는 뼝대의 고향이다. 옛날 옻칠을 하던 선비 집의 개가 발에 옻칠갑을 하고 도망을 갔는데, 그 발자국을 따라가다 오른 고갯길에서 본 동강의 풍경이 장관이었다고 한다. 이 이야기에 유래되어 '옻 칠(漆)' 자와 '발 족(足)' 자를 써서 칠족령이라 했다고 전해진다.

제장마을에서 등산으로 칠족령 고개에 오르면 전망대와 하늘벽 구름다리를 만날 수 있다. 이 고개 위에서 내려다보는 동강의 풍경도 일품이지만, 강변에서 마주 보는 뼝대의 풍경이 더 웅장하고 경이롭다. 자연이 오랜 시간 빚어낸 걸작 중의 걸작이다. 동강의 정수를 제대로 맛보고 싶다면

뺑대 가까이 다가서보자. 제장마을 안쪽까지 차를 몰고 들어가면 뺑대와 가장 가까이 마주 설 수 있다. 뺑대와 마주해 강변을 따라 걷다 보면 커다란 바위 동굴까지 만날 수 있다.

칠족령의 시작 지점인 제장마을과 끝 지점인 연포마을에서는 차분히 내려앉는 고향의 향수까지 느낄 수 있다. 제장마을에서 외진 길을 돌고 돌아야 당도할 수 있는 연포마을 입구에 놓인 작은 다리 위에서 바라보는 뺑대도 무척이나 인상적이다. 28km를 내내 달려오며, 아련한 향수와 벅찬 감동을 선사해주었던 길이 연포마을에서 끝난다. 참고로 연포마을에는 영화 〈선생 김봉두〉 촬영지인 연포분교가 있다. 가만히 멈춰 있기 좋은 곳이지만 근처 길이 다소 외지기 때문에 주의해야 한다. 진짜 길이 있는지 헷갈리는 경우가 있어 내비게이션을 믿고 가야 하는 구간이 있으니 조심해야 한다.

연포마을에서 길이 끝나기 때문에 왔던 길로 다시 나가야 하는데, 10km 정도는 빠져나가야 첫 번째 국도를 만날 수 있다. 그만큼 깊은 곳에 숨어 있었기에 훼손되지 않고 긴 시간 이어질 수 있었을 테다. 아름다운 풍경이 머무는 곳. 오랫동안 우리가 잘 보존해야 할 우리나라의 보물 같은 여행지다.

POINT

드라이브 시작점은 광하탐방안내소(동강탐방안내소)이고 드라이브 종점은 연포마을로 총연장 28km다. 나리소전망대 입구에는 주차 공간이 없다. 인근 주차 공간을 찾아서 주차한 후 입구까지 다시 걸어와야 되고, 15분간 산길을 걸어 올라가야 전망대를 만난다. 수고스럽지만 전망대에서 내려다보는 나리소의 풍경은 충분한 보상을 준다. 제장마을 뺑대 입구에서 강변으로 내려가 뺑대를 마주 보고 오른쪽으로 강을 따라 600m 정도 걸어 들어가면 뺑대 동굴을 만날 수 있다.

INFO

예약 여부 없음 **운영 기간** 없음 **운영 시간** 없음 **입장 마감** 없음 **주차** <u>미리내폭포</u> 강원도 정선군 정선읍 가수리 1-4(주차장은 아니지만 주차 공간 있음) <u>제장마을 뼝대</u> 강원도 정선군 신동읍 덕천리 317-10(주차장은 아니지만 주차 공간 있음 / 강변으로 내려가는 통로 있음) <u>연포마을 뼝대</u> 강원도 정선군 신동읍 덕천리 434-9(주차장은 아니지만 주차 공간 있음) **주소 ❶** 광하탐방안내소(동강탐방안내소, 드라이브 시작점): 강원도 정선군 정선읍 동강로 3043 **❷** 귤암교: 강원도 정선군 정선읍 귤암리 167 1 **❸** 가수리 동강전망대 입구: 강원도 정선군 정선읍 가수리 197-1 **❹** 미리내폭포: 강원도 정선군 정선읍 가수리 1-4 **❺** 나리소전망대 입구: 강원도 정선군 신동읍 고성리 산5-1(주차장 없음) **❻** 제장마을 뼝대 입구: 강원도 정선군 신동읍 덕천리 317-10 **❼** 연포마을 뼝대(드라이브 종점): 강원도 정선군 신동읍 덕천리 434-9 **전화** 없음

PLUS

· **정선 5일장** 정감 가는 시골 장터의 풍경과 강원도 토속 먹거리를 만날 수 있는 곳이다. 수수전, 메밀전, 메밀전병, 콧등치기국수, 올챙이국수, 곤드레나물밥 등등 맛있는 먹거리가 많은데, 시장 내 먹자골목 어느 집을 찾더라도 맛은 비슷하다. 정선 5일장 주변 인상적인 맛집으로는 '동광식당(033-563-3100)'의 족발과 '정선면옥(033-562-2233)'의 된장칼국수가 아주 맛있었던 기억이 있다.

· **백룡동굴** 연포마을에서 직선거리 2.5km에 불과한 칠족령 뼝대 아래에 있지만, 행정구역상으로는 평창에 있고 바로 가는 길이 없어 차로 1시간여 둘러 가야 한다. 정말 아름다운 때 묻지 않은 천연 동굴을 탐사하듯 만나는 특별한 체험을 할 수 있어 동강의 숨겨진 비경으로 손꼽히는 곳이다. 동굴 입구의 뼝대와 잔도가 아름답고 배를 타고 동굴로 들어가는 풍경이 이국적이다. 하루에 일정 인원만 예약 및 탐사가 가능해 인터넷 예약이 필수다(홈페이지: pc.go.kr/cave).

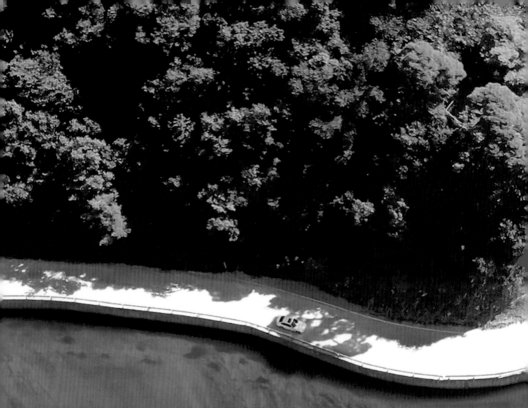

끝이 보이지 않는 동강이 굽이진 강변을 따라

아스라이 내달리는 길.

오랜 시간이 흘러도 늘 같은 모습으로 떠올려지는

우리 기억처럼 오랜 시간을 지나왔어도

여전히 변치 않는 아름다움을 고이 간직한 내가 사랑하는 길,

우리나라 내륙 드라이브 코스의 백미

'동강 드라이브 코스' 정선 구간이다.

선유도는 그 모습이 너무 순수해서
마치 고향에 온 것처럼 포근하다.
낭만을 지울래야 지울 수 없다.

죽기 전

선
유
도

봄, 여름, 가을(5~10월)
이른 아침~일몰

원래 이름은 군산도. 신선들이 노닐던 섬이라 해서 지금의 선유도로 불리게 됐다. 우리나라 서해안 한편을 든든히 지키고 있는 서해 중심지로 향하는 발걸음이 이른 아침인데도 가볍다.

전라북도 군산에 위치한 선유도의 원래 이름은 군산도다. 조선시대 이곳에 있던 군산진이 이전하자 이름을 현 군산에 내주고 고군산도(古群山島)가 되었다. 그리고 60여 개의 크고 작은 섬이 산처럼 모인 이 일대는 고군산군도(古群山群島)라 불렸다. 그 군도의 중심에 위치한 이 섬은 일제강점기부터 '신선이 노니는 섬'이라는 뜻의 선유도로 바뀌게 되었다.

오랜 시간 달려온 지친 여행자를 탁트인 푸른 바다가 맞는다. 군도의 중심에 선 선유해변이다. 이른 아침 아무도 없는 푸른 바다, 그 낭만을 오롯이 홀로 향유하며 걷는다. 반복되는 파도 소리와 갈매기 울음소리로 가득한 바다의 노랫소리를 들으며 한 발 한 발 내딛는

INFO ———————
예약 여부 없음 운영 기간 없음 운영 시간 없음 입장 마감 없음 주차 선유도 공영 주차장 전라북도 군산시 옥도면 선유도리 279-3 장자도 공영 주차장 전라북도 군산시 옥도면 장자도리 12-1 주소 전라북도 군산시 옥도면 선유도리, 장자도리, 대장도리

다. 이제는 낭만과 어울리지 않는 나이일지 모르지만,
나는 아직 낭만을 즐기고 있다. 유년 시절 첫사랑에게
손 편지를 쓰던 그때 그 설레는 맘으로 말이다. 내 여
행은 늘 이런 유치한 낭만과 함께한다. 해외 유명 휴
양지와 비교해도 손색이 없는 선유해변은 유독 바다
가 푸르고, 모래가 곱고, 갈매
기가 많다. 어쩌다 보니 이 해

변길을 항상 아침(오전 9시 전후)에 걸었다. 낭만을 지울래야 지울 수 없는 조건이다.

선유도는 그 모습이 너무 순수해서 마치 고향에 온 것처럼 포근하다. 새만금방조제 덕분에 육지에서 차로 오갈 수 있게 됐지만 그래도 아직 사람의 손때가 묻지 않은 자연의 모습을 그대로 간직한 곳이 제법 많다. 말 그대로 순수하다. 그 첫 번째가 신비한 모습의 선녀봉이다. 봉우리들의 모습이 마치 누워 있는 선녀의 모습 같다 해서 붙인 이름이다. 관광지마다 이런 유의 별칭이 흔하다고 해서 '뭐, 그래 봤자 얼마나 비슷하겠어'라고 대수롭지 않게 생각하면 오산이다. 한눈에 봐도 여성의 곡선을 닮은 봉우리들의 신기한 모습에 헛웃음이 나올 정도다.

선유도에는 선녀봉처럼 넓게 조망해야 할 것이 많다. 그만큼 국지적인 아름다움보다는 전체적인 조화에서 오는 웅장한 아름다움이 매력적인 곳이다. 그 두 번째가 전망 좋은 곳을 따졌을 때 둘째가라면 서러워할 대봉전망대다. 선유도의 본섬인 선유해변을 한눈에 조망할 수 있는 곳으로, 물이 적당히 빠지는 시간대를 잘 골라 오르면 하트 해변을 조망할 수 있다. 시쳇말로 '뷰 맛집'이다. 단지 주의해야 할 점은

좁은 산길을 타고 30분 정도 걸어 올라가야 하기 때문에 체력적으로 만만치 않다는 것이다. 따라서 너무 더운 여름철에는 추천하지 않고, 산 타기 좋은 선선한 봄이나 가을철에 오르는 것이 좋다.

한낮의 선유도에서 빼놓지 말고 해봐야 할 것이 하나 더 있다. 선유도의 명물, 스카이썬라인이다. 선유해변의 바다 위를 집라인으로 가로지르는 체험이다. 이런 체험을 그다지 좋아하지 않는 사람도 부담 없이 즐길 수 있는 중간 난도의 집라인이다. 아름다운 선유해변을 가로지르며 하늘을 날면 가슴이 뻥 뚫리는 것 같은 기분이다. 숲에서 타는 집라인과는 또 다른 이색적인 즐거움을 느낄 수 있기 때문에 꼭 한번은 반드시 타보기를 추천한다.

그다음으로 선유도의 낭만을 책임지는 곳이 바로 선유도와 장자도를 이어주는 장자교다(지금은 장자교 스카이워크라 부른다). 걸어서 바다를 건너 또 다른 섬으로 가는 낭만이 흐르는 길. 수년 전까지만 해도 장자도로 가는 길은 이 장자교뿐이었다. 그래서 그때 장자도는 차가 없는 섬이었다. 지나온 시간의 흔적처럼 녹이 슬어 있는 빨간색 철근이 그 시절의 추억을 고스란히 담고 있다. 멋스러운 옛 인도교

가 푸른 바다와 한 쌍처럼 너무 잘 어울린다. 이 좁고 오래
된 다리가 더 멋스럽고 낭만 있어 보이는 건 바로 옆에 새
로 나 있는 세련된 대교 때문일 테다. 어찌 된 일인지 차들
이 멋지게 달리는 현대적인 대교보다 그 옆에서 남은 역할
을 다하고자 차분히 홀로 서 있는 인도교에 더 눈길이 간다.
자신의 역할을 대교에 다 넘겨주고도 묵묵히 자신의 소임을
계속하는 이 오래된 길을 기어이 산책해야만 선유도를 여행
한 기분이 든다.

섬과 섬 사이. 그 가운데를 잇는 장자교 위에서 한참을 내려다본다. 어느새 바다는 나에게서 방향을 잃고 각자의 길로 흘러간다. 어지러운 마음이 수면 위에 떠오르고 이내 흩어지는 물줄기와 함께 저 멀리 사방으로 흘러간다. 조용히 흘려보낸 생각이 다시 따라올세라 인도교의 오래된 발자국들을 따라 성큼성큼 길을 재촉해본다.

———

해가 섬의 산허리까지 가닿을 무렵, 선유도에서 참 잘 놀았다는 생각이 들 때 마지막으로 한 곳 더 들를 곳이 있다. 전망으로는 선유도와 장자도, 대장도를 모두 합쳐 최고의 뷰를 자랑하는 대장도 대장봉전망대다.

대장봉은 일몰 무렵 전에 올라야 한다. 능선을 따라 올라가는 계단이 꽤 가파르지만 그만한 가치가 있다. 장자교에서 미처 버리지 못한 사념이 있다면 이곳 계단을 오르며 깨끗하게 비우면 된다. 그만큼 고행의 계단이지만, 전망대까지 오르면 '아, 그래도 오르길 잘했구나' 하는 생각으로 가득 찬다. 대봉산, 망주봉, 선유해수욕장, 그리고 선유봉이 모두 한눈에 보이는 360도 파노라마 뷰다. 그리고 그 위에 주

황색 노을이 앉아 있다. 지금까지는 생각을 덜어내고 비워
내는 여정이었다면, 이곳 대장봉의 일몰은 새로운 생각과
감정을 다시 채워 넣어준다. 형언할 수 없는 아름다움을 보
고 있으면 무엇이든 할 수 있을 것 같다는 생각까지 든다.
줄지어 늘어선 고군산군도의 섬이 훤히 내려다보이는 산
위에서 맞는 해넘이와 노을. 그 아름다움에 취해 넋을 잃
고 서 있게 된다. 어느새 찾아온 어둠이 빨리 산을 내려가
라 재촉할 때까지.

　가끔 여행을 하면서 자연을 감히 '여행'한다고 해도 좋
을까 하는 생각이 들 때가 있다. 여행이란 그저 자연이 주는
해답을 순순히 받아서 오는 것은 아닐까. 갈 때마다 항상 얻
을 수 있는 것이 아니다. 최적의 순간에, 최적의 시간에, 최
적의 타이밍에 가야 얻을 수 있는 선물과 답을 과연 내가 여
행하면서 얻은 부산물로 치부해도 좋을까. 아니다. 매 순간
의 여행은 자연이 특별히 허락해 꺼내준 작은 보석 상자다.
오늘도 그 보석 상자가 형형의 색으로 마음을 물들여간다.

　이상하게 나는 섬을 여행할 때마다 생각이 많아지는 것
같다. 그 많은 생각이 하나둘씩 정리되어갈 때쯤 어느새 섬
을 떠나야 할 시간이 다가온다. 오래전 배를 타고 와야 했던

POINT

선유도 공영 주차장에 주차를 하고 장자도 대장도까지 모든 코스를 걸어서 이동하면 섬 구석구석을 돌아볼 수 있다. 걷는
거리를 줄이고 싶다면 선유도 공영 주차장에 주차한 후 선유도를 돌아보고 차로 장자도 공영 주차장으로 이동해 장자도와
대장도를 돌아보면 된다. 대봉전망대는 이정표가 없어 입구를 찾기 힘든데, 진입로 위치는 '전라북도 군산시 옥도면 선유도
리 112-7'이다. 여기서 전망대까지 30분 정도 등산 코스다. 대장봉전망대는 일몰 시간 1시간 전에 올라가면 아름다운 일
몰과 노을을 만날 수 있다. 일몰 시간뿐만 아니라 다른 시간에 올라도 충분히 아름다운 풍경을 감상할 수 있다. 선유도에는
주로 횟집이 많은데, 회 말고 가성비 식사를 원한다면 '남도밥상(0507-1302-9832)'의 바지락칼국수가 괜찮다.

시절에 왔을 때는 자전거를 타고 일주했는데, 오늘은 오직 두 발로 걸어서 섬을 여행했다. 그래서 그때와는 분명 다른 여행을 했다. 나이가 조금은 더 든 모습으로, 그때보다는 더 많은 생각으로 가득 찼던 여행. 내가 다시 선유도를 찾아올 때는 또 얼마나 더 나이를 먹었을 것이며 어떤 생각을 채워 오게 될까? 벌써 기대되고 궁금해진다. 자꾸 생각이 멈추지 않고 이어지는 걸 보니 빨리 섬을 떠나야겠다.

PLUS

· **변산반도국립공원** 산과 바다가 어우러진 아름다운 변산반도국립공원이 선유도와 가깝다. 해안 쪽에 위치한 외변산에는 채석강, 적벽강, 격포해수욕장이 가볼 만하고, 산 쪽에 위치한 내변산에서는 내소사 전나무 숲길과 내소사, 그리고 변산면 사자동에 위치한 내변산탐방지원센터에서 직소폭포까지 이어지는 트레킹 구간이 좋다.

고군산군도의 섬들이 줄지어 늘어선 섬들의 고향.

유독 바다가 푸르고, 모래가 곱고,

섬 산들의 풍경이 이국적인 곳.

신선들이 밤해 노닐다 갔던 섬이라 '선유도'다.

몽환을 만들어내는
이른 시간의 정원에서 용케도
길을 잃지 않고 나 자신의
순수를 마주 보고 서 있다.

죽기 전

구
절
초
지
방
정
원

가을(10월 초~중순)
AM 07:00~08:00 전후

구절초의 꽃말은 순수. 때를 잘 맞추면 내 안에 아직 존재하는 순수를 마주할 수 있다. 전라북도 정읍에 위치한 호수, 그 조용한 공간 한편에 넓게 자리 잡은 꽃의 공원, 구절초 지방정원에서다.

이른 새벽에 찾은 정원은 아직 오늘의 손님을 맞을 준비를 못했는지 아주 고요하다. 숨죽인 새벽 공기 속에 식물들이 숨 쉬는 소리만 귀를 가득 채운다. 내 숨소리와 꽃의 숨소리가 한데 엮여 몽환을 만들어내는 이른 시간의 정원에서 용케도 길을 잃지 않고 나 자신의 순수를 마주 보고 서 있다. 각자 자기 자리에서 경건한 노래를 부르며 아침을 맞이하는 소나무들 사이로 아직

눈도 채 뜨지 못한 듯 졸린 얼굴을 한 구절초가 나만의 순수를 비추며 흐드러지게 피어 있다. 그들의 고요한 노랫소리에 깨끗한 숨이 폐 속 가득 퍼져가는 것이 느껴진다. 그렇게 이번 여행은 시작과 동시에 절정에 다다랐다.

원래 이곳의 이름은 '구절초 테마공원'. 아름답게 핀 구절초와 여러 꽃으로 정원을 꾸미고 방문객을 맞이하기 시작한 것이 2006년부터다. 그러다 어느샌가 '전라북도 제1호 지방정원'이라는 영광스러운 타이틀을 하나 얻더니 이내 '구절초 지방정원'으로 탈바꿈했다. 명칭이 어찌 됐든 그 전에 느끼던 감동과 풍경은 아직도 그대로다. 순수를 간직한 흰 꽃, 구절초가 바람에 나부끼며 내 안의 순수를 끄집어낸다. 특히 새벽 안개가 자욱이 내리는 순간에 이곳을 찾아야만 진면목을 볼 수 있다. 하얀 안개가 자욱하게 내려앉은 몽환적인 숲속을 가득 채운 순백의 꽃들. 바람도 공기도 꽃도 내 마음속도 온통 하얀 순수의 세상이 되는 순간이다. 꿈에서만 본 상상의 정원이 실제로 존재한다면 분명 이런 모습을 했을 것이라 여겨지는 신비로운 순간. 하지만 안개가 걷히고 나면 이내 모두 사라져버린다. 시간과 차원 속에 숨은 비밀의 정원을 만나는 시간은 그리 길지 않은 순간이다. 다행히도 옥정호를 끼고 있는 지리적 특징 덕분에 환절기 아침마다 어렵지 않게 안개 낀 신비스러운 구절초 정원을 만날 수 있다.

옥정호 상류에 넓게 마련되어 있는 이 정원에는 구절초 외에 다른 꽃들도 많다. 하얀 구절초를 시기라도 하듯 온 잎을 붉게 물들인 바늘꽃과 백일홍, 코스모스가 이곳저곳에서 처연한 아름다움을 바람에 날리고 있다. 각각의 꽃들에 저마다의 순수가 물들어 있는 신기로운 곳이다. 구절초는 구절초만의, 바늘꽃은 바늘꽃만의, 코스모스는 코스모스만의 순수로 정원을 빛낸다. 다른 꽃 정원처럼 화려함도 꾸밈도 없지만, 그래서 더 아름다울지도 모른다. 물을 가득 머금은 붓이 칠해놓은 여러 폭의 수채화다.

구절초를 제대로 감상하고 싶다면 매년 10월 초·중순에 열리는 구절초 축제 때 방문하는 것도 좋은 방법이다. 그저 들꽃일 뿐인 줄 알았던 구절초가 수수함 속에서 이토록 화려한 아름다움을 피워낼 수 있음을 깨달을 것이다. 축제 외에도 꽃과 수목이 펼쳐진 산책로와 광장, 재미있는 출렁다리까지 즐겁게 즐길 만한 것들이 많다. 이곳만을 위해 시간 내서 '굳이' 방문해도 전혀 아깝지 않은, 여행자의 순수를 위한 여행지다.

INFO

예약 여부 없음 **운영 기간** 매일 **운영 시간** 09:00~18:00(공식 입장 시간) **입장 마감** 18:00 **주차** 전라북도 정읍시 산내면 매죽리 591-1 **주소** 전라북도 정읍시 산내면 매죽리 산214-8 **전화** 063-539-5696

POINT

하얀 안개가 자욱하게 내려앉은 몽환적인 비밀의 정원을 만나려거든 꼭 이른 시간에 찾아야 한다. 오전 7~8시에 안개가 좋았던 걸로 기억된다. 안개는 매일 아침 피는 게 아니지만 호숫가 근처라 가을 환절기에는 안개가 자주 끼는 편이다. 안개 속 풍경과 한낮의 풍경은 전혀 다르다. 습도가 적당하고, 전날 낮 기온과 당일 아침 기온의 차이가 비교적 크고, 바람이 불지 않는 날 아침에 찾아가면 안개를 만날 수 있다. 안개가 끼고 구절초가 만개했다면 아마 평생 잊지 못할 풍경이 될 것이나. 이른 아침이 공식 입장 시간은 아니지만, 입장은 가능하다.

PLUS

· **옥정호 국사봉전망대** 그림 같은 붕어섬을 조망할 수 있는 국사봉전망대가 멀지 않은 곳에 있다. 구절초 지방정원에서 이곳까지 가는 길은 호수 길을 달리는 드라이브 코스로도 일품이다.

· **전주한옥마을** 태조로를 따라 한옥마을 길을 걸으며 오목대, 경기전, 전동성당, 풍남문, 남부시장까지 만날 수 있는, 볼거리 많고 먹거리 많은 여행지다. 전주는 한정식과 비빔밥이 잘 알려져 있지만, 나는 '왱이집(063-287-6980)'의 콩나물국밥과 '조점례남문피순대(063-232-5006)'의 순댓국밥을 더 자주 먹는다. 모두 한옥마을 근처에 위치한다.

하얀 안개가 자욱하게 내려앉은

몽환적인 숲속을 가득 채운 순백의 꽃들.

바람도, 공기도, 꽃도, 내 마음도

온통 하얀 순수의 세상이 되는

비밀이 정원 '구절초 지방정원'.

죽기 전

내장사 단풍

조만간 다가올 휴식의 계절을 위해
모든 아름다움을 단번에 뿜어내는
단풍잎 사이사이로
내장산의 황혼이 진다.

가을(10월 말~11월 초)
평일 AM 09:00 전
주말 AM 08:00 전

사실 단풍이 여행 테마로 인기를 누리던 시절은 조금 지났을지도 모르겠다. 가을이 되면 도심에서도 어렵지 않게 은행잎을 볼 수 있는 것처럼, 단풍도 너무도 당연한 가을 여행의 대명사가 되어버렸다. 가을에 산을 오르면 어디서든 쉽게 볼 수 있으니까. 그런데 이런 생각을 단숨에 뒤집어버리는 단풍 명소가 한 군데 있다. 흔한 가을 풍경 중 하나라고 생각했던 단풍이 평생 잊지 못할 순간 중 하나가 되어버리는 곳이다. 어린 시절 부모님을 따라갔던 곳. 연인 또는 친구들과도 가보았고, 혼자도 가보았던 그곳. 여러 번 가봤지만 가을만 되면 다시 가보고 싶어지는 여행지이자, 낭만이 있고 추억이 있는 여행지. 바로 전라북도 정읍에 위치한 국내 최고의 단풍 여행지 '내장사'다.

내장사 단풍은 가히 '최고', '제일'이란 단어를 마음대로 붙여도 좋을 만큼 압도적인 단풍을 자랑한다. 식당가가 있는

입구부터 내장사까지 무려 2.4km 구간에 하늘을 가릴 만
큼 울창하고 빽빽한 단풍 터널이 이어진다. '명불허전'이
라는 말이 아깝지 않을 정도다. 국내에서 가장 많은 단풍
을 볼 수 있는 것은 물론, 국내에서 가장 아름다운 단풍을
만날 수 있다. 그 명성이 어느 정도로 자자하냐면 매년 가
을마다 단풍 명소로 뉴스에 소개될 정도다. 단풍철마다 이
곳을 찾는 방문객의 수로 보나, 압도적으로 아름다운 단풍
의 자태로 보나 우리나라 단풍 여행의 1번지라고 당당히
말할 수 있는 곳이다.

군이 특별한 곳에 오르거나 하지 않아도, 내장사로 향
하는 순환도를 따라 올라가다 보면 군데군데에 주황색과
담홍색의 단풍이 흐드러지게 펼쳐져 있다. 한마디로 걷기

시작하는 순간부터, 아니 차에서 내리는 그 순간부터 단풍 여행이 시작된다. 그중에서도 우화정에서 보는 단풍과 케이블카를 타고 전망대 위에서 내려다보는 단풍이 특히 더 아름답다. 사람마다 느끼는 최고의 뷰 스폿이 각기 다른 곳이라 자신만의 베스트 장소를 찾으며 여행하는 것도 나름의 재미가 된다. 참고로 나만의 최고 스폿은 내장사 경내다. 단풍과 은행나무가 한데 어우러져 노랗고 붉은 옷을 때깔 좋게 차려입은 경내의 모습은 이 시기에 볼 수 있는 모든 경치를 보기 좋게 압도해버린다.

———

여행하는 내내 너무 아름다운 색을 선물 받았다. 그것도 이 황혼의 계절에. 곧 모든 것이 숨 가쁘게 달리던 것을 멈추고 긴 휴식을 취하는 계절이 다가오건만, 어떻게 책임을 지려고 하는지 다시금 마음을 동하게 하는 아주 화려하고 아름다운 색이다. 봄여름 꽃들이 세 색깔을 한번에 다 피넘기며 인사라도 하는 듯 폭발하는 아름다움이다. 조만간 다가올 휴식의 계절을 위해 모든 아름다움을 단번에 뿜어내는 단풍잎

사이사이로 내장산의 황혼이 진다. 내년에 또 이 황혼을 만날 수 있기를 진심으로 바라며 멈춰버린 계절의 시간에 인사를 고하고 내장산을 내려온다.

첨언하건대 계획대로 이른 아침에 내장사 단풍을 클리어했다면, 역시 단풍으로 유명한 백양사와 강천산을 다음 행선지로 정해도 좋다. 모두 차로 1시간 이내다. 오전에 내장사, 정오 무렵에 백양사, 늦은 오후에는 강천산 순으로 둘러본다면 하루에 단풍 명소 세 곳을 모두 돌아볼 수 있다.

INFO

예약 여부 없음 **운영 기간** 없음 **운영 시간** 없음 **입장 마감** 없음 **주차 ❶** 전라북도 정읍시 내장호반로 536 **❷** 전라북도 정읍시 내장동 71(입구에서 가까운 사설 주차장) **주소** 전라북도 정읍시 내장산로 1253(내장사) **전화** 063-538-8741(내장사)

POINT

대한민국 단풍 1번지답게 시즌에는 엄청난 인파가 몰린다. 주차 전쟁은 물론 아름다운 단풍 길을 인파에 밀려 걸어야 하는 곳이다. 그런 불편함 없이 낭만 있고 아름다운 단풍 길을 유유자적하게 만나고 싶다면 꼭 이른 아침에 가야 한다. 평일 기준 오전 9시 전, 주말 기준 8시 전까지는 한적한 편이다. 가급적 그 시간 전에 도착해서 단풍 터널을 걸어야 가을의 낭만을 느낄 수 있다. 주말 기준 오전 10시가 넘어가면 차가 막혀 차 안에서 많은 시간을 보내야 한다. 참고로 내장사 입구까지 들어가는 도로가 왕복 2차선 외길이다. 내장사 입구부터 내장사까지 2.5km 거리의 단풍 터널 구간에 셔틀버스를 운행 중이기는 하나 셔틀버스를 타지 말고 꼭 걸어가야 한다. 그 2.5km 구간이 모두 단풍 터널이기 때문이다. 하행 길에는 셔틀버스를 타도 되겠지만, 탑승 대기 줄이 길 수도 있다.

PLUS

· **백양사** 수많은 사진작가들이 가을 단풍 액자 사진을 담아내는 곳
이다. 단 한 장의 사진을 남긴다면, 내장사보다 백양사가 더 좋을 만큼
백암산과 쌍계루가 저수지에 거울처럼 반영되는 가을 단풍 풍경이
압권이다. 내장사와 함께 내장산국립공원 권내에 있다.
· **강천산군립공원** 가을이면 계곡을 따라 이어지는 황톳길을 걸으며
아름다운 아기단풍을 만날 수 있는 곳이다. 그 길 위에 병풍폭포와 멋
들어진 구름다리도 있고, 웅장한 구장군폭포도 있다. 입구 식당가에
서 계곡 길을 따라 구장군폭포까지가 편도 3km인데, 온통 단풍 터널
을 이룬다.

매년 가을이 되면
다시 가보고 싶어지는 곳,
모두에게 낭만이 있고,
추억이 있는 단풍 여행지,
대한민국 단풍 1번지
내장산 내장합니다.

땅 아래 협곡 속에서
누군가의 울음소리를 닮은
물줄기 소리가
웅장하게 흘러넘친다.

죽기전

재
인
폭
포

봄, 여름, 가을
오전~오후

그때 그이의 마음은 어땠을까. 선선한 여름 바람에 기분 좋게 출렁이는 다리 위에서 내 마음까지 여지없이 출렁이는 장소가 있다. 시원한 물줄기 소리가 마치 누군가의 통곡 소리처럼 들려오는 곳. 한탄강 유네스코 세계지질공원으로 지정된 '재인폭포'다.

경기도 연천군에 위치한 이 폭포는 국내 다른 폭포들과는 다른 특징을 지니고 있다. 제일 큰 특징은 우리나라에서 흔치 않은 주상절리 협곡이라는 점이다. 대부분의 주상절리는 한쪽 벽으로만 이루어져 있는 데 반해, 이곳은 양쪽 벽으로 폭포를 둘러싼 형태라 더욱 신비로운 분위기를 풍긴다. 또 한 가지 특징은 지하에 있다는 점이다. 산 중턱이나 지상에 위치한 다른 폭포들과 다르게 계단을 타고 지하층으로 내려가야 폭포가 보인다. 한 계단 한 계단 내려가며 조금씩 가까워져 마주하게 되는, 주상절리에 둘러싸인 폭포의 모습이 마치 협곡 안으로 서서히 빨려 들어가는 듯 묘한 느낌을 준다.

이곳의 진수는 폭포 앞에 놓인 출렁다리다. 폭포로 내려가는 계단으로 가려면 이 출렁다리를 건너야 한다. 이 다리에는 슬픈 비화가 하나 얽혀 있다. 옛날에 '재인'이라는 이름의 외줄타기 광대가 살고 있었더란다. 부인이 아름답기로 소문이 자자했는데, 그 이야기를 들은 고을 원님이 그를 죽이고 그의 부인을 뺏기 위해 이곳 폭포 위에 외줄을 매 강제로 외줄타기를 시켰다고 한다. 결국 줄을 끊어 죽여버리고 부인을 빼앗았지만, 이후 부인은 원님의 코를 깨물어 정조를 지키고 자결했다는 비극적인 이야기다. 이때부터 이 폭포를 재인폭포라 부르게 되었고, 마을 또한 고문리(코문리에서 파생)로 부르게 되었다고 한다. 그때 재인이 강제로 줄에 올라 비극적인 죽음을 맞이해야 했던 장소를 어림짐작한 곳이 바로 이곳 출렁다리가 놓인 곳으로 외줄이 묶였을 법한 자리에 출렁다리를 만들어 이곳에 얽힌 이야기를 가슴에 새기며 지나갈 수 있도록 했다.

POINT

하부 주차장에서 800m 한탄강을 따라 나 있는 덱을 따라 산책하듯 걸어보는 것을 추천한다. 민통선 인근이라 때 묻지 않은 자연을 느낄 수 있는 길이다. 계절별로 예쁜 야생화를 만날 수 있고 맑은 공기를 마시며 힐링할 수 있다. 하행 길은 걷지 않고 전기 셔틀을 타고 돌아와도 된다. 전기 셔틀은 20분 간격으로 재인폭포와 주차장을 오간다. 폭포 여행에서는 늘 그렇듯 비가 내린 시 얼마 지나지 않은 날에 가야 수량이 많아 보기가 좋다. 웅장한 폭포의 모습을 제대로 만나려면 필수 요건이라 할 수 있겠다.

협곡 위에 걸려 출렁이는 약 25m의 제법 긴 다리 위에서 중심을 잡아가며 한 걸음씩 옮기다 보면 그때 재인이 외줄을 타며 느꼈을 처연함이 느껴진다. 출렁다리를 지나 지하실로 내려가듯 계단을 내려가면 먼발치로 보이는 폭포까지 긴 덱 길이 주상절리 한쪽 벽을 타고 이어져 있다. 폭포를 향해 발걸음을 내딛자 폭포 소리가 조금씩 크게 들려오기 시작한다.

한 걸음, 한 걸음 앞으로 나아갈 때마다 더더욱 커지는 그 물소리가 마치 재인의 통곡 소리처럼 들려온다. 깊숙이 들어갈수록 그의 눈물 속으로 들어가는 기분이 들어 나까지 처연해진다. 비로소 눈앞까지 다가선 폭포의 웅장한 모습을 보고 있노라면 드디어 재인의 마음 깊숙이 가라앉아 있던 심연의 아픔을 목격이라도 한 듯 가슴이 저려온다. 전해져오는 이야기도, 큰 울음처럼 뿜어내는 물줄기도, 온 세상에 소리치는 듯한 소리도 모두 비애를 품고 있는 폭포다.

폭포 앞에 다가서면 삼면이 주상절리로 둘러싸여 웅장함과 신비함, 그리고 자연의 위대함이 느껴진다. 이런 풍경 앞에 마주 설 때마다 자연은 정말 위대한 조각가이자 미술가라는 생각이 든다. 세계에서도 가치를 인정한 한탄강 유네스코 세계지질공원 중심에 이 재인폭포가 있다.

INFO
예약 여부 없음 **운영 기간** 매일 **운영 시간** 하절기 10:00~16:00, 동절기 10:00~17:30 **입장 마감** 운영 시간 참조 **주차** 하부 주차장 경기도 연천군 연천읍 고문리 951(폭포까지 800m) 삼보 주차장 경기도 연천군 연천읍 부곡리 217(폭포까지 300m) **주소** 경기도 연천군 연천읍 부곡리 산122 **전화** 031-839-2277

하부 주차장에서 출렁다리까지 이어져 걷
는 덱 길도 이곳의 아름다움을 십분 보여주는,
놓치기 아까운 장관 중 하나다. 짙은 신록과 야
생화가 덱 길 옆으로 소담하게 피어 있다. 민통
선이 가까운 덕에 더욱 때 묻지 않은 자연을 걷
는 기분을 느낄 수 있는 산책로로, 하늘에는 새
의 지저귀는 소리가, 눈에는 푸르고 붉은 자연
의 모습이 마냥 즐거운 숲길, 꽃길, 바람길에
새소리 길이다. 한탄강 강변길을 따라 걷는 약
800m의 탐방로인데, 오래 걷는 게 싫다면 상
부 주차장에 주차를 하고 바로 폭포로 향하는
걸 추천한다.

PLUS ────────

·**호로고루**

남한에서는 보기 힘든 고구려 성
'호로고루'라는 석성이다. 임진강
에 접한 현무암 천연 절벽 위에 세
워진 천혜의 요새 강안평지성으로
봄에는 청보리, 가을에는 해바라
기를 만날 수 있다. 제주의 오름을
닮은 곡선미가 아름다운 성 위에
올라 바라보는 임진강의 풍경 역시
일품이다. 비슷한 곳으로는 당포
성과 은대리성이 있는데, 모두 연
천에 위치한다.

·**차탄천 주상절리길**

차탄교~왕림교~장진교까지 이어
지는 차탄천을 따라 9.9km로 이
어지는 현무암 주상절리 길로 육안
으로 만나는 지질 박물관과도 같
은 곳이다. 트레킹에 자신 있다면
도전해볼 만하나 구간이 길고 일
반 하천같이 느껴지는 구간도 많은
곳이다. 차로 접근 가능하고 가장
가까이서 육안으로 주상절리를 볼
수 있는 왕림교 주변 '은대리 주상
절리'와 장진교 주변 '장진교 주상
절리'만 둘러봐도 충분할 것 같다.

·**비둘기낭**

한탄강 8경 중 하나인 현무암 침식
폭포로 주상절리와 하식 동굴이 어
우러져 신비로움을 자아내는 곳이
다. 포천에 있으나 재인폭포와 거
리가 멀지 않고, 재인폭포와 견줄
만한 비경이라 꼭 가보라고 강력
추천한다.

이런 풍경 앞에 마주 설 때마다 드는 생각은
자연은 정말 위대한 조각가이자 미술가라는 것이다.
세계에서도 가치를 인정한
한탄강 유네스코 세계지질공원,
그 중심에 이 '재인폭포'가 있다.

죽기 전

내
변
산

고요한 숲길을 빼곡히 둘러싸고 있는
눈 쌓인 전나무들의 새하얀 아름다움을
지금도 또렷한 기억으로 떠올린다.

겨울
눈 내리는 날

아직도 잊지 못하는 20년 전 겨울이 있다. 아무도 찾지 않는 겨울 왕국의 새하얀 눈길을 뽀드득 소리 내며 홀로 걷던 그날. 고요한 숲길을 빼곡히 둘러싸고 있는 눈 쌓인 전나무들의 새하얀 아름다움을 지금도 또렷한 기억으로 떠올린다. 겨울 여행의 백미 '내변산'의 그림 같은 설경이다.

사시사철 언제 가도 볼 것 많고 아름다운 풍경을 자랑하는 곳이지만, 내변산은 겨울에 특히 더 아름답다. 온 산에 눈이 소복하게 쌓인 겨울 설경의 자태는 연신 아름답다는 말밖에 하지 못하는 표현력이 안타까울 정도로 비경이다. 특히 다른 계절에 비해 겨울에는 찾는 이가 그다지 많지 않아 전설에나 나올 법한 겨울 왕국을 나 혼자 방문한 것 같은 경험까지 할 수 있다. 그래서일까, 무려 20년 전 처음 방문했을 때의 겨울 풍경을 잊지 못해 지금까지도 이따금 찾게 된다. 눈이 아주 많이 내려야 볼 수 있는 비경이기 때문에 전라북도에 대설주의보가 내렸다는 소식이 들려올 때면 언제든 고민 없이 바로 차를 몰고 떠난다.

이번 여행도 계획에 없던 즉흥적인 여행이었다. 대설주의보가 내렸다는 뉴스를 듣고 필요한 것만 대충 챙겨 고민 없이 바로 차를 몰았다. 전라북도 부안에 위치한 내변산까지는 꽤 멀기 때문에 새벽 2시에서 3시로 넘어가는 아주 이른 시간에 출발했다. 누군가는 벌써 단잠에 곤히 빠져

있을 테고, 누군가는 이제야 한숨 돌리려 할 시간이다. 고요한 고속도로에는 대설주의보가 내린 날씨답게 눈이 몰아치고 있다. 어두컴컴한 한밤의 고속도로 위에 눈보라까지 뒤덮여 한 치 앞이 보이지 않는 상황이지만, 가슴은 점점 더 벅차오르기 시작한다. 30km로 서행하며 거북이 걸음으로 향하고 있지만, 본능적으로 오늘이라는 것을 직감할 수 있다.

　내변산은 변산반도국립공원에 속한 지역이다. 우리나라에서 바다와 산이 만나는 유일한 국립공원으로, 해안 지역을 이루는 외변산과 산악 지역을 이루는 내변산으로 이루어져 있다. 오늘의 목적지는 그중 내변산으로,

내소사에 도착해 그림 같은 설경을 감상하고, 다시 내변산 탐방지원센터까지 차로 이동해 직소폭포까지 다녀오는 트레킹 코스다. 정상적이라면 내소사에서부터 내변산 탐방지원센터까지 이어지는 약 5.9km의 풀코스 트레킹 구간을 천천히 거닐며 눈산의 아름다움을 만끽하는 코스가 더 좋겠지만, 대설주의보로 안전상 풀코스보다는 구간을 나눠서 돌아보기로 했다.

눈 내리는 내변산에서 가장 먼저 찾아야 할 곳은 단연 내소사 전나무 숲길이다. 과장 하나 하지 않고 평생 동안 잊지 못할 인생 설경을 만날 수 있는 곳이다. 내소사의 일주문부터 약 500m 길게 이어진 숲길로, 길 양옆에 키가 큰

전나무가 빽빽이 들어서 있다. 아무도 밟지 않은 눈길 위를 뽀드득 소리 내며 걷다 보면 크리스마스트리 사이를 걷는 듯한 기분에 취하게 된다.

마법 같은 설경이 아니라도 내소사는 꼭 여행해볼 만한 가치가 충분한 곳이다. 그 자체로도 신비한 전설을 간직한 아름다운 사찰로 불리기 때문에 거리가 조금 있더라도 한 번쯤 시간 내서 찾아볼 만하다. 633년 백제 무왕 때 창건한 내소사는 사실 임진왜란을 겪으면서 많은 부분이 소실됐다고 한다. 그러다 1633년 조선 인조에 이르러 청민선사가 대웅보전을 비롯해 소실됐던 부분을 중건했는데, 이 대웅보전이 신비한 비밀을 간직한 건축물로 매우 유명하다. 먼저, 내부의 포에 대한 전설이 있다. 포는 기둥 위로 가로질러 있는 보 위에 나뭇가지처럼 나와 있는 것을 말한다. 대웅보전을 짓기 위해 온 목수가 3년이 다 될 때까지 절은 짓지 않고 절을 지을 나무만 다듬는 걸 탐탁지 않게 여긴 사미승이 그중 나무 하나를 빼 숨겨놓았다가 절을 지을 때 돌려주었는데, 부정 탄 나무는 쓸 수 없다며 그 나무는 빼놓은 채로 대웅보전을 지었다고 한다. 그래서 지금도 내부 천장에는 포가 하나 빠져 있다는 이야기다.

재미있는 이야기는 여기서 끝이 아니다. 그렇게 우여곡절 끝에 대웅보전을 다 짓고 내부의 단청을 그리기 위해 화공이 왔는데 100일 동안 절대로 법당 안을 들여다보지 말 것을 당부했다고 한다. 화공이 제대로 그리고 있는지 궁금하고 걱정됐던 사미승은 100일이 다 되어갈 무렵 결국 참지 못하고 몰래 법당 안을 들여다보았는데, 화공은 온데간데없고 새 한 마리가 입에 붓을 물고 단청을 그리고 있었다고 한다. 그때 훔쳐보던 사미승을 발견한 새는 남은 단청 하나를 미처 그리지 못한 채 날아가버렸고, 그때문에 지금도 단청 하나가 미완성으로 남아 있다고 한다. 관음조가 단청을 그렸다는 이 전설은 대웅보전의 신비로운 겨울 비경에 더욱 그럴듯한 분위기를 더해준다. 참고로 청민선사는 대웅보전 증축 후 자취를 감췄다고 알려졌다.

이외에도 대웅보전에는 재미있는 사실이 몇 가지 더 있다. 법당 내 불상 뒤편에 후불벽화로 백의관음보살상이 그려져 있는데, 국내에 남아 있는 백의관음보살좌상 중 가장 큰 것이라고 한다. 눈을 마주 보며 좌우로 걸으면 눈이 따라오는데, 그 눈을 바라보며 소원을 빌면 반드시 이루어진다는 이야기가 전해 내려온다. 여기에 못을 하나도 쓰지 않고 지었으며 보물 제291호로 다포 양식과 팔작지붕이 멋스럽다는 사실, 빛바랜 무채색의 꽃살문이 아름답다는 건축적 가치까지 더해져 여행을 더욱 풍성하게 만들어준다.

내소사에는 '설선당'이라고 불리는 요사채가 있다. 지금은 운영하지 않지만 차와 다기가 준비돼 있었고, 누구든 허락 없이 들러 혼자 차를 직접 우려 먹을 수 있는 열린 공간이었다. 창호에는 '설선당에서 소생차 한잔 드세요'라는 따뜻한 문구가 쓰여 있었다. 설선당에 앉아 차를 마시며 창밖 절 마당을 내다보는 것이 내소사 여행의 또 다른 재미였다. 텅 빈 설경의 마당 위로 겨울 햇빛이 눈부시게 쏟아지는 모습은 아직도 잊을 수 없다. 개인적 바람

이 있다면 설선당이 다시 그때의 그 열린 공간으로 운영되었으면 좋겠다는 것이다. 그 시절 설선당에 앉아 차를 마시며 빛이 쏟아져 내리는 눈부신 절 마당 풍경을 바라보던 그 행복했던 감정은 아직도 잊히지 않을 만큼 인상적이었다. 그래서 설선당은 변산반도 여행 중 가장 인상 깊고 기억에 남는 인생의 장소였다. 그 시절 내가 글을 기고하던 여행 잡지에 '나의 인생 여행지'라는 제목으로 글을 쓴 적이 있는데, 그때 한 치의 망설임 없이 내소사 설선당을 썼을 정도다.

———

내소사 여행을 마치고 다시 차를 몰아 내변산 탐방지원센터로 향하면 가는 길에 하얀 눈이 내려앉은 부안호를 만난다. 드라이브 코스로도 멋진 부안호를 끼고 도는 도로는 사계절 어느 때나 아름답지만 역시 겨울 설경이 으뜸이다.

내변산 탐방지원센터에 도착하자 대설주의보로 안전상 입산 금지란다. 아차! 눈이 많이 내리면 국립공원

POINT ————

대설주의보 발령 시 입산이 통제될 수도 있으니 주의보 발령이 풀리는 예상 시간을 미리 확인하고 가는 게 좋다. 내소사는 주의보가 내려도 출입 가능하다. 내소사, 내변산 트레킹 구간 둘 다 사계절 어느 때 가도 아름다운 곳이다. 다만 그중 가장 아름다운 순간은 눈이 내리는 날이다. 꼭 눈 내리는 날이 아니더라도 충분히 아름다운 곳이기에 여의치 않다면 어느 때든 그냥 떠나도 좋다. 변산에서 가장 인상적인 먹거리는 단연 바지락죽이었다. '죽이 뭐 별거 있겠어?'라고 생각한다면 오산이다. 참기름 향이 가득한 그 맛을 한번 맛보면 인생 음식이 될지도 모른다. 20년 전쯤 '김인경원조바지락죽(063-583-9763)'에서 아침으로 처음 맛본 바지락죽은 그 후로 여러 번 다시 찾아가 먹었을 만큼 인상적이었다. '군산식당(063-583-3234)'의 백반정식도 기억에 남는다. 찐빵으로 유명한 '슬지제빵소(1899-9504)'도 최근에 떠오른 핫한 집이다.

은 입산을 제한한다는 사실을 깜빡해버렸다. 차 안에서 눈이 잦아들기를 1시간 정도 기다리니 다행히 진입로가 개방되었다. 찾는 이 없이 고요히 눈만 내리는 내변산의 첫 번째 입산객으로 홀로 설경을 걷기 시작한다. 여기서 직소폭포까지는 2.3km 구간으로 편도 1시간 정도 걸린다. 이 트레킹 코스는 평지에 가까운 구간이 많아 편하게 즐길 수 있다는 것이 가장 큰 매력인데, 산에서 만나는 아름다운 호수 '직소보', 주상절리와 옥빛의 소를 만나는 '분옥담'과 '선녀탕', 변산8경 중 제1경에 해당하는 내변산의 백미 '직소폭포'를 차례대로 볼 수 있어 좋다. 짧지 않은 거리지만 눈 냄새를 맡으며 천천히 걷기 좋은 코스다.

짐작하지 못했다. 아무도 찾지 않은 이 아름다운 설경을 독차지하게 될지는! 그래서 더 행복했던 여행이었고, 지금 이 순간 역시 평생 잊지 못할 인생 여행지로 다시 남을 것만 같다. 직업이 직업이다 보니 많은 이들이 내게 인생 여행지를 물어본다. 그때 또 이렇게 말하겠지? 눈이 내리는 날에 망설임 없이 내변산을 찾아가 보라고. 거기 가면 눈 냄새가 난다고.

INFO

예약 여부 없음 **운영 기간** 매일 **운영 시간** 내소사 없음 변산반도국립공원 입산 가능 시간 하절기(3월 1일~10월 31일) 04:00~16:00, 동절기(11월 1일~익년 2월 28일) 05:00~15:00 **입장 마감** 하절기(3월 1일~10월 31일) 16:00, 동절기(11월 1일~익년 2월 28일) 15:00 **주차** 내소사 전라북도 부안군 진서면 내소사로 166 내변산 탐방지원센터 전라북도 부안군 변산면 중계리 179-9 **주소** 내소사 전라북도 부안군 진서면 석포리 266-2 내변산 탐방지원센터 전라북도 부안군 변산면 실상길 70 **전화** 내소사 063-583-7281 변산반도국립공원사무소 063-582-7808

· **채석강** 마치 책을 차곡차곡 쌓아놓은 듯한 해식 절벽과 그 사이사이에 나 있는 해식동
굴을 만날 수 있는 경승지다. 중국 당나라의 시인 이백(이태백)이 달 아래 술잔을 기울
이며 뱃놀이를 하던 중 강물에 비친 달을 잡으려다 빠져 죽었다고 전해지는 일화에 등장
하는 채석강과 풍경이 흡사해 채석강이라 이름 지었다고 한다. 채석강 옆 격포항 수산시
장에는 해산물이 좋다.

· **선유도** 섬이지만 차로 갈 수 있는 고군산군도의 중심 선유도가 변산반도에서 가깝다.
눈이 내린 겨울이라면 설경이 내려앉은 선유해변이 아름답고, 선유도와 연결되어 있는
대장도 대장봉전망대에서 내려다보는 고군산군도의 설경과 일몰이 아름답다.

직업이 직업이다 보니 많은 이들이 내게
인생 여행지를 물어본다.
그때마다 눈 내리는 날의
내변산을 찾아가보라고 말한다.
그때 거기 가면 눈 냄새가 난다고.

내 인생을 사는 동안 평생
잊히지 않을 황홀경,
강양항의 해무와 일출을 만났다

죽기전

진하 & 강양항

겨울
AM 07:00~09:00

15년쯤 전이었던 것 같다. 그해 겨울의 기억은 아직도 선명하다. 매일 밤마다 기상청 홈페이지를 들락거렸고, 오늘이다 싶으면 망설임 없이 차를 몰고 강양항으로 향했다. 그러기를 몇 번이나 반복했을 무렵, 마침내 내 인생을 사는 동안 평생 잊히지 않을 황홀경, 강양항의 해무와 일출을 만났다. 전율이 흐를 만큼 황홀한 풍경이었고, 세상에 없을 법한 풍경이었다. 그때 그 감동에 매료되어 그해 겨울이 끝나기 전까지 수도 없이 강양항을 찾았다. 그러는 동안 매일같이 같은 장소에서 약속이나 한 듯 만나던 사진작가들과 오늘도 또 오셨냐는 인사

를 자연스레 나누고 그들과 함께 여러 번의 겨울 아침을 맞이했다. 그때 그 자리에 있던 작가님들이 이구동성으로 한 말은 '겨울 아침에만 만날 수 있는 국내 최고의 풍경이 바로 강양항이다'라는 것이었다.

하지만 자연은 그 황홀한 풍경을 누구에게나 쉽게 보여주지 않는다. 기상 정보까지 분석하고 가도 열 번 중 두세 번만 볼 수 있을 정도다. 나중에야 경험

이 쌓여 확률을 높일 수 있었지만, 일반 여행자가 그 황홀경을 만나는 것은 가당치도 않은 일일지도 모른다. 나 역시 그해 겨울 수도 없는 도전과 실패를 한 후에야 만날 수 있었다. 하지만 그 수많은 도전이 결코 아깝지 않을 만큼 내 인생에서 손꼽을 최고의 황홀경이다.

누군가를 홀리듯 넘실넘실 춤을 추는 해무 사이로 붉은 여명으로 은은하게 물든 바다의 물결이 어렴풋이 보인다. 그 위로 눈부시게 빛나는 역광을 뿜어내며 서서히 고개를 내밀기 시작하는 태양, 그 붉은빛에 전이되어가는 키를 훌쩍 넘는 해무, 마치 불타는 구름 속을 헤매는 듯한 비현실적인 풍경이 눈앞에 펼쳐진다. 그 무렵 먼발치에서 뱃고동 소리가 희미하게 울린다. 붉은 해무 사이를 헤치며 귀항하는 멸치잡이 어선

한 척이 조금씩 선명하게 가까워지고, 만선을 한 건지 그 어선을 따라 갈매기 떼가 무리 지어 날아다닌다. 그 갈매기들이 애처로웠는지 애써 먼바다에서 건져온 멸치를 하나씩 손으로 나눠주는 어부의 서정적인 풍경이 카메라 앵글 속으로 들어온다. 이렇듯 겨울의 이른 아침에 만나는 강양항의 일출은 그림으로도 그릴 수 없을 만큼 드라마틱하고 서정적이다. 가슴속에서 뭉

클한 감동이 흘러나오는 삶의 풍경. 경이로운 자연과 인간의 삶이 함께 그려내는 한 편의 걸작을 만나는 곳, 울산시 울주군 '강양항'의 아침이다.

오직 겨울 아침 딱 1시간 정도만 만날 수 있는 이 황홀하고 아름다운 풍경 때문에 겨울철만 되면 많은 사진작가들이 이곳에 모인다. 우스갯소리로 '사진작가들 계 모임 한다'고 할 정도

로 겨울철 물안개를 만날 수 있는 날 아침 7시 전에 가면 유명한 사진 작가들을 많이 만날 수 있다. 마음에 드는 사진 한 장을 얻을 때까지 계속해서 이곳을 찾는 것이다. 나도 처음 이곳의 해무에 마음을 뺏긴 이후로 한 해에만 열 번은 넘게 방문했던 것 같다. 그중에는 알고 지내던 작가님도 여럿이었다. 그만큼 기후 조건만 맞으면 사진작가로서 크게 만족할 수 있는 인생 사진을 찍을 수 있는 곳으로 유명 사진작가들 사이에서도 입소문이 나 있는 곳이다.

관건은 해무다. 해무가 충분히 끼어야 인생 최고의 사진을 건질 수 있다. 해무가 끼는 조건은 어떻게 보면 간단하다. 낮과 밤의 기온차가 10~15℃ 이상으로 심해야 하고, 영하 5~10℃까지 떨어지는 아주 추운 날이어야 한다. 여기에 습도까지 받쳐주면 높은 확률로 해무를 만날 수 있다. 해무는 호수나 저수지에서 만나는 물안개와는 차원이 다르다. 물안개는 양쪽으로 막혀 있는 데 반해, 해무는 사방이 트인 곳에서 피어나기 때문에 바람에 춤을 추듯 움직이는 황홀한 모습이 인상적이다. 특히 이 시간에는 해가 뜨기 전에 멸치를 잡으러 바다에 나갔던 멸치잡이 어선들이 해무를 뚫고 들어오기 때문에 더 그림 같은 광경을 볼 수 있다. 멸치의 비린내 때문에 100여 마리가 넘는 갈매기들이 배를 따라 날아다니는 광경에 그저 입이 떡 벌어진다. 뜨거운 주황색과 노란색 일출 사이로 춤을 추듯 흔들리는 해무, 그 해무를 뚫고 들어오는 몇 척의 멸치잡이 어선과 그 위를 따라다니는 100여 마리의 갈매기 떼, 이런 경치는 일부러 연출할 수도, 그림으로 따라 그릴 수도 없는 모습이다.

만일 해무가 충분히 끼지 않았다면 진하와 강양을 오가는 다리인 명선교를 건너가 진하해수욕장으로 이동하면 된다. 진하해수욕장에 있는 팔각정 앞에 무인도가 하나 있는데 '명선도'

INFO ────────────────────────────────────

예약 여부 없음 **운영 기간** 없음 **운영 시간** 없음 **입장 마감** 없음 **주차** 울산시 울
주군 온산읍 강양길 122 **주소** 울산시 울주군 온산읍 강양리 85-1

라고 불린다. 원래는 매미가 많이 울어 유래한 지명으로(鳴蟬島) 현재는 신선이 내려와 놀았던 섬(名仙島)이라는 뜻으로 불린다. 이 명선도를 배경으로 뜨는 일출도 아주 유명하기 때문에 해무가 끼지 않았다고 해서 실망할 필요는 없다. 명선도를 바라보며 맞이하는 일출 모습은 그 자체로도 살면서 꼭 한번은 볼만한 가치가 충분하기 때문이다.

자연의 아름다움에 넋을 놓고 있다 보면 어느새 진하해수욕장 한편에서 모락모락 김이 가득 올라온다. 갓 잡아온 멸치를 바로 찌는 작업장이다. 한겨울에 멸치 찌는 뽀얀 김이 가득한, 흔히 볼 수 없는 독특한 삶의 풍경이 눈과 코를 사로잡는다. 이른 아침부터 누구보다 빠르게 하루를 시작해 생기를 머금은 사람들의 입김이 뽀얀 김 위에 겹쳐져 또 하나의 해무가 되어 춤을 춘다. 사람도, 그들이 살아가는 삶도 자연의 한 부분이 되어 해무처럼 날아간다.

강양항과 진하의 아침은 그렇다. 자연이 꿈틀대고, 사람의 삶이 시작되는 시간이다.

비단 자연의 아름다움뿐 아니라 삶의 아름다움도 함께 만날 수 있는 감동이 있는 곳이다.

POINT

아침 기온이 영하 10℃ 근처까지 떨어지는 맑은 날에 해무가 자주 낀다. 사실 남부지방에서 이런 날은 겨울철에도 많지 않은 편이다. 한번에 성공하기는 힘들지만, 한번에 봤다는 사람들도 주변에 여럿 있기는 하다. 보기는 힘든 풍경이지만 한번이라도 봤다면 아마 평생 잊지 못할 풍경이 될 것이다. 거기다가 오메가 일출까지 보게 된다면 완벽하다. 보통 사진작가들은 강양항에 먼저 갔다가 해무가 없으면 명소도 쪽으로 바로 이동한다. 해무가 없는 강양항은 크게 볼품없는 곳이기 때문이다. 멸치 어선들은 보통 일출 무렵 약속이나 한 듯 귀항한다. 멸치 작업장은 명선도 방향에 있어 명선도 근처에서 연기가나는 쪽을 찾아가면 된다.

PLUS

· **간절곶** 유라시아 대륙에서 해가 가장 먼저 뜨는 곳이다. 그 상징성 때문에 새해 일출이 아니더라도 사계절 많은 여행자들이 방문하는 명소다. 거친 파도가 치는 해안 풍경과 간절곶 등대, 소망우체통이 볼만하다. 참고로 유라시아 대륙에서 해가 가장 늦게 지는 곳은 포르투갈의 '카보 다 호카'라고 한다.

· **대왕암공원** 죽어서 용이 되어 나라를 지키겠다는 유언을 남겨 경주 앞바다에 장사 지낸 문무왕의 수중 릉이 있고 그의 왕비를 장사 지낸 곳이라 전해져 대왕암이라 부른다. 울창한 소나무 숲을 지나 기암절벽이 아름다운 바다를 만나는 울산의 인기 관광지 중 한 곳이다. 최근에는 출렁다리도 만들어 더 많은 여행객들이 찾는다. 멀지 않은 곳에 아름다운 작은 섬, 슬도가 있는데, 대왕암에서 슬도까지 연결되는 2km 길이의 해안 산책로가 걷기 좋고 풍경도 좋다.

꿈틀대는 자연의 숨결에 사람의 삶이 녹아들어

평생 잊지 못할 아름다운 아침 풍경을 만나게 되는 곳.

황홀경 같은 해무가 넘실거리며

춤을 추고 흐르는 겨울 아침의 '강양항'이다.

죽기전

하동

10리 벚꽃 길

벚꽃이 흐드러지게 피고
강물처럼 꽃잎이 흐른다

봄(3월 말~4월 초)
AM 07:00~10:00

남해고속도로 하동IC에 내려 하동읍 방향으로 달리다 보면 '물길과 꽃길의 고장 하동에 오신 걸 환영합니다'라고 쓰인 커다란 현판이 보인다. 하동을 표현하기에 가장 좋은 슬로건이다. 매년 4월이면 하동의 최남단부터 구례까지 섬진강을 따라 수십 킬로미터에 이르는 길고

긴 꽃길이 이어진다. 바로 섬진강 벚꽃 길이다. 그 중심에 하동 10리 벚꽃 길이 있다. 사랑하는 연인이 손을 꼭 잡고 걸으면 혼인에 이른다는 낭만적인 전설을 지닌 사랑스러운 길이라 '혼례 길'이라고도 불린다. 이 길을 화개장터에서부터 화개천을 따라 쌍계사 입구까지 10리가 뻗쳐 있다 해서 '하동 10리 벚꽃 길'로 부른다. 1년에 딱 일주일 흐드러지게 꽃을 피우는 벚나무들이 빽빽하고 길게 뻗어 있는 길로, 우리나라에서 가장 유명한 벚꽃 길이다.

　차를 타고 지나가도 좋지만, 걸어야만 매력을 온전히 느낄 수 있

다. 연인과 함께 손을 잡고 걸어도 좋고, 벗이나 가족과 함께 걸어도 좋은 길. 누구든 한번 걸어보면, 매년 봄마다 다시 그리워지고 걷고 싶어지는 길이다.

　　벚꽃 길 입구인 섬진강은 전라도와 경상도를 나누는 강이다. 지금에야 강을 건널 수 있는 대교가 멋들어지게 놓여 있지만 예전까지만 해도 줄배가 있었다. 우리나라에서 유일하게 남아 있는 줄배였는데, 옆 마을로 이동할 때 차로 가는 것보다 훨씬 더 빨랐다. 배를 탄 채로 줄을 잡고 당겨 건너는 전통 방식으로 배가 반대쪽에 가 있으면 반대 사람이 넘어올 때까지 기다려야 한다. 역사 속으로 사라진 그 줄배의 마지막이 이곳 벚꽃 길 입구에 있었다. 조선시대 사람들이 경상도와 전라도를 오고 가던 풍경을 상상으로나마 떠올려볼 수 있는 이색적인 특징이었다. 군대를 갓 제대하고 여기 있던 줄배를 탔던 걸로 기억되니 20년도 더 된 일이다. 줄배를 타며 섬진강을 건너던 기억은 그때가 마지막이었고, 지금은 역사 속으로 사라져버렸다. 지금의 남도대교도 멋스럽지만 줄배가 있었을 당시가 새록새록 떠올라 조금은 아쉬운 마음도 든다.

이곳 벚꽃 길이 다른 벚꽃 명소보다 더 인상적인 것은 찬란한 분홍색 사이사이에 간간이 끼어 있는 차밭 때문이다. 듬성듬성 차밭이 많이 보이는데, 다른 지역의 차밭 같은 공장식 농원이 아니다. 집집마다 조금씩 가꾸는 야생 차밭이라 정돈되지 않아 못생겼다. 그래서 이곳이 더 특별하고 아름답다. 이렇게 차밭을 조금씩 가꾸며 살고 있는 작은 마을이 많은데, 특히 '목압마을'에 작은 찻집이나 차밭이 많다. 마치 어릴 적 시골 외갓집에 놀러 간 것 같은 정감 있는 곳이다. 군데군데 옛날 느낌의 민박집이 많은데, 나는 이곳에 올 때마다 '목압민박'이라는 곳에 자주 들른다. 옛날에 많이 있던 이층집(생활공간은 1층에 모두 있고, 2층은 기와로만 되어 있거나 옥상으로 되어 있던 옛날 스타일 이층집이다)으로 된 민박집인데, 2층 옥상에 올라 때 묻지 않은 지리산의 아름다운 별하늘을 감상할 수 있다. 뭐랄까, 없어진 지 오래된 동심의 감정도 새삼 다시 떠오르는 듯한 느낌이랄까. 잠깐 들러 벚꽃만 보고 가는 것도 좋지만, 하루 정도 옛 가정집에서 민박하면서 닭 울음소리와 개 짖는 소리를 벗 삼아 별을 감상하는 경험도 함께 해보는 것을 추천한다. 벚꽃 길을 만나러 간 여행길에 그 이상의 특별한 감성에 젖을 수 있다.

INFO ─────
예약 여부 없음 **운영 기간** 없음 **운영 시간** 없음 **입장 마감** 없음 **주차** 화개장터 입구 주차장 경상남도 하동군 화개면 탑리 720-4 화개면사무소 앞 공영 주차장 경상남도 하동군 화개면 탑리 629 화개중학교 앞 주차장 경상남도 하동군 화개면 삼신리 665-1 **주소** 경상남도 하동군 화개면 탑리621-11

POINT

국내 최고의 벚꽃 명소인 데다 벚꽃 길이 외길로 이어져 휴일 낮에는 진입로까지 차량 혼잡이 심하다. 가급적이면 평일 오전에 찾는 걸 추천하고, 휴일에는 이른 아침이나 늦어도 오전 9시 전에 도착해야 여유롭게 벚꽃 길을 만끽할 수 있다. 가장 아름다운 구간은 10리 벚꽃 길이 시작되는 화계장터 입구부터 쌍계사 방향으로 2km 지점에 일방통행으로 길이 나눠지는 2단 벚꽃 길로, 이를 조망할 수 있는 전망 덱 부근이 가장 아름답다. 만약 걷는다면 10리(4km) 벚꽃 길을 다 걸을 필요는 없고 약 2.5km 지점까지만 봐도 충분하다. 여기까지가 가장 좋다. 차로 유명한 지역이라 크고 작은 예쁜 찻집이 많다. 그중 '쌍계명차(055-883-2440)'와 '더로드101(0507-1314-4118)' 이 가장 인기 있다. 하동은 참게탕과 재첩국이 유명한데, 정말 많은 집에 가보았으나 아직 이름을 걸고 추천할 만큼 인상적인 맛집은 발견하지 못했다. 그냥 다 비슷비슷하다.

PLUS

· **운조루(구례)** 금환락지(金環落地, 금가락지가 떨어진 명당)라는 남한의 3대 길지이자 양택 명당에 자리한 조선시대 전통 가옥이다. '구름 속을 나는 새가 사는 집'이라는 뜻의 운조루는 삼수부사를 지낸 유이주가 조선 중기(1776)에 지은 55칸 목조 기와집으로 조선 양반 가옥의 전형적인 건축미를 엿볼 수 있다. 유이주가 문경새재를 넘다 잡았다는 호랑이 뼈가 대문에 걸려 있고, '타인도 열게 하여 주위에 굶주린 사람이 없게 하라'라는 뜻의 '타인능해(他人能解)'가 쓰인 쌀통이 죽가 무에 놓여 있다. 밥 짓는 연기가 멀리 퍼지지 않게 사람 키보다 낮게 설치한 굴뚝 등 당시 집주인의 애민 정신이 녹아든 다양한 볼거리와 이야기를 만날 수 있다.

· **화엄사(구례)** 신라 진흥왕 5년(544)에 연기조사(緣起祖師)가 세운 걸로 전해지는 천년 고찰이다. 수많은 국보와 보물을 만날 수 있는 살아 있는 박물관 같은 곳으로 웅장한 목조건축물 각황전과 그 앞에 우뚝 서 있는 각황전 앞 석등이 깊은 인상을 준다. 오래전 화엄사 법회에서 직접 들은 이야기인데, 각황전 문고리를 잡으면 지옥에 가지 않는다고 한다. 믿거나 말거나지만 화엄사에 갔다면 각황전 문고리는 꼭 만져보자.

· **사성암(구례)** 원효, 진각, 도선, 의상 등 4명의 고승이 수도했다 해서 사성암이라 부르는 사찰이다. 전국 사찰 중 전망이 가장 좋은 암자라 해도 과언이 아닐 만큼 절 마당에서 내려다보는 시원하게 펼쳐진 구례평야의 풍경이 일품이다. 사성암으로 향하는 길 역시 '섬진강 벚꽃 길'이라 이름 지을 만큼 벚꽃 길이 아름답다.

사랑하는 연인이 손을 꼭 잡고 걸으면 훗날에 이른다는

낭만적인 전설이 어린 사랑스러운 길이라

'훌레 길'이라고도 불리는 길.

봄이 되면 다시 그리워지고,

다시 걷고 싶어지는 '하동 10리 벚꽃 길'.

죽기 전

광양 매화마을

광양에 매화가 피면
비로소 봄이 시작된다

봄(3월)
AM 07:00~10:00

만물이 추위에 떨 때 가장 먼저 꽃을 피워 다가올 봄을 알
리는 꽃이 있다. 꽁꽁 얼어붙을 정도로 강한 추위에도 아
랑곳하지 않고 모두가 희망을 버리지 않도록 죽을 힘을
다해 꽃을 피우는 꽃. 사군자의 하나로 지조와 절개를 상
징하는 꽃이자 선비 정신의 표상으로 불리는 설중매, 봄
의 전령 매화다.

　매화의 꽃말은 고격(高格)과 기품. 장원급제 후 매화
가지로 장식한 관을 머리에 썼을 정도로 아치고절(우아
한 풍치와 고고한 절개)과 빙자옥질(얼음같이 맑고 깨끗
한 살결과 옥같이 아름다운 자질)을 대표하는 꽃이다. 색
에 따라 흰 매화와 홍매화로 나뉘는데, 사랑과 회춘을 상
징한다.

보기만 해도 마음이 깨끗해지고 의지가 단단해지는 이 꽃을 원 없이 볼 수 있는 여행지가 있다. 너무 유명해 지금은 누구나 아는 흔한 여행지지만, 아직까지 봄이 오면 많은 사람들이 가장 먼저 향하는 곳이다. 바로 '광양 매화마을'이다. 전라남도 광양은 전라북도 진안에서 발원한 섬진강이 550리를 흘러 바다를 만나 마침표를 찍는 고장이다. 경상남도 하동을 마주한 채 그 섬진강을 품은 아늑한 강변 마을이 바로 다압면 도사리에 위치한 매화마을이다.

이곳은 섬진강의 강바람을 타고 그윽한 봄 향기를 전하는 봄의 전령 매화가 흐드러지게 피는 마을로 유명하다. 그 때문에 행정 지명인 '도사리'보다는 '광양 매화마을'로 더 많이 불린다. 매년 3월이 되면 이곳에서 매화 축제를

여는데, 크고 작은 수많은 매화 농원 곳곳을 가득 뒤덮은 매화꽃이 장관을 이룬다. 이 무렵에는 매화마을로 이르는 길 위로 길고 긴 차량 행렬이 이어진다. 그 모습을 볼 때마다 '이토록 많은 사람들이 그토록 애타게 봄이 오길 기다렸나 보다'라는 생각을 하게 된다. 그런 마음의 끌림이 있고, 계절 여행이 시작되는 곳이자 꽃 여행이 시작되는 곳이 바로 광양 매화마을이다.

가장 인기 있는 곳은 3대에 걸쳐 이어지고 있는 '청매실농원'이다. 관광을 위해 조성된 경관 농업에 가까울 만큼 예쁘게 잘 꾸민 이 농원은 1931년에 조성돼 무려 80년이라는 역사와 전통을 자랑하며 현재까지 이어져오고 있는 유서 깊은 곳이다. 국내에서 가장 오래된 전통과 큰 규모를 자랑할 뿐만 아니라 가장 아름다운 매화 농원이라는 평을 받는다. 푸른 섬진강이 한눈에 내려다보이는 언덕에

형성돼 있어 섬진강의 아름다운 정경과 장독대, 매화의 조화가 무척이나 아름답다. 한 폭의 그림 같은 풍경이라는 말은 이곳을 두고 하는 말이라고 해도 과언이 아니다.

이외에도 섬진강 주변을 따라 곳곳에 크고 작은 매화 농원이 이어져 있어, 굳이 청매실농원까지 차로 가는 것보다 하동읍에서 섬진교를 넘어 오른쪽에 위치한 천변 주차장에 차를 세우고 걸어가는 편이 매화를 더욱 제대로 즐길 수 있는 방법이다. 섬진나루터가 있는 곳에서 청매실농원까지는 2.5km 거리 정도 된다. 걷다 보면 아주 작은 순수한 농원부터 여러 가지 형태의 크고 작은 매화 농원이 나오는데, 청매실농원과는 또 다른 경치와 느낌을 경험할 수 있다. 보는 이 없어도 뜻을 굽히지 않고 제 나름의 꽃을 활짝 피우는 순수한 모습을 조용히 볼 수 있는 강변 마을의 소박한 풍경들이다. 이 마을 강변에서 섬진강이라

는 이름이 유래되었다. 옛날 왜구들이 섬진강을 따라 배를 타고 침입할 때 이 마을에 이르렀을 무렵 두꺼비 떼가 무리 지어 우는 광경에 놀라 도망갔다는 이야기가 전해진다. 그때부터 '두꺼비가 무리 지어 있는 강'이라는 뜻의 섬진강이라는 이름이 붙었다고 한다. 실제로 청매실농원으로 가는 길에 '섬진강 유래비'를 만날 수 있어 이곳의 역사적 가치를 더해준다.

매일생한불매향(梅一生寒不賣香). 매화는 한평생 춥게 살아도 결코 향기를 팔지 않는다고 했다. 조선 중기 문인 신흠의 한시에 나오는 구절로, 개인적으로 좋아하는 말이다. 지난했던 겨울을 뚫고 버텨오느라 어느새 물렁해진 마음을 매화의 절개를 보며 오랜만에 다져본다. 저 가냘픈 꽃 한 송이도 할 수 있는 일을 나라고 못할 것은 없다. 아주 작은 매화마을에서 조용히 홀로 피어 있는 매화꽃 옆에 가만히 앉아 곧 다가올 봄을 느긋이 상상해본다. 지금껏 겨울은 길었고 앞으로도 봄은 짧을 테지만, 매화는 계속해서 다시 필 것이다.

INFO ─────────

예약 여부 없음 **운영 기간** 없음 **운영 시간** 없음 **입장 마감** 없음 **주차** 축제 행사장 주차장(청매실농원 입구) 전라남도 광양시 다압면 도사리 490-2 섬진나루터 천변 주차장(청매실농원에서 2.5km 거리) 전라남도 광양시 다압면 섬진강매화로 1300 **주소** 홍쌍리 청매실농원 전라남도 광양시 다압면 지막1길 55

POINT ─────────

매화가 필 무렵이면 긴 차량 행렬이 멈춰 서서 이어지는 곳이다. 청매실농원 입구까지 차를 가지고 가려면, 평일은 오전 9시, 주말은 오전 8시 전까지 가야 막히지 않고 진입할 수 있다. 그보다 많이 늦은 시간이라면 섬진나루터 천변 주차장에 주차를 하고 걸어가는 것이 좋다. 가는 길에 크고 작은 매화 농원이 있어 지루하지 않고, 힘들지 않게 청매실농원까지 갈 수 있다. 돌아오는 길엔 축제 기간에 운영하는 셔틀을 이용하면 된다. 나오는 길은 막히지 않는 편이다.

PLUS ─────────

· **구봉산전망대** 차로 구봉산 정상까지 올라가 광양 시내와 광양 앞바다를 한눈에 내려다볼 수 있는 곳이다. 새벽에 오르면 야경과 일출을 볼 수 있고, 해 질 무렵 오르면 일몰과 야경을 볼 수 있다.

· **배알도** 섬 정원이라 불리는 아주 작은 섬으로 별헤는다리와 해맞이다리, 2개의 다리로 육지와 연결되어 있다. 섬 가까이 윤동주 유고를 보존한 정병욱 가옥이 있는데, 윤동주 시인의 흔적이 서린 가옥에서 그의 친필 원고와 거기 얽힌 사연을 만나 보는 것도 잔잔한 감동을 준다.

· **광양의 맛** 광양에 가면 꼭 먹어봐야 일 먹거리가 있다. 바로 참숯 구이 요리다. 예로부터 광양은 백운산에서 나는 참숯이 유명했다고 한다. 그 참숯으로 구워낸 음식이 그 유명한 광양불고기와 닭숯불구이 그리고 숯불장어구이다. 광양불고기는 '삼대광양불고기(061-763-9250)'를 자주 찾는 편이고, 닭숯불구이는 '소낭구(061-762-5676)'를 자주 찾는다. 그리고 숯불장어구이는 '힘센장어타운(061-795-3256)'에서 딱 한 번 먹어봤는데 아주 맛있었다. 그 외 '세림식당(061-794-0795)'의 돌산갓김치찜과 옛날오징어볶음이 아주 인상적이어서 기억에 남는다.

강변을 따라 흐드러지게 피어난 매화의 속삭임은

섬진강 강바람을 타고 그윽한 봄의 향기가 되어 흩날린다.

겨우내 그토록 기다렸던 봄날이 시작되는 곳

'광양 매화마을'이다

죽기 전

고창 선운사 ~
도솔암 봄 숲길

바람이 태우는 간지럼에
소리 내 웃는 잎새들.
그 사이로 햇살이
이슬비처럼 내려앉는다.

봄(5~6월)
오전 또는 오후

걸을수록 아늑하고 포근해 마치 어머니의 품속같이 마음의 위로가 되는 묘한 숲길이 하나 있다. 개인적으로 해남의 장춘숲길과 함께 가장 좋아하는 숲길 중 하나다. 봄, 여름, 가을, 겨울 그 어느 때 방문해도 언제나 거짓말같이 아름다운 경치를 가득 감상할 수 있는 곳. 특히 봄에 가야 온전히 나 혼자서 그 숲길을 독차지할 수 있다. 맑디맑은 도솔천을 따라 나란히 걷는 한적한 숲길. 한가로이 노니는 새들의 지저귐, 바람이 태우는 간지럼에 이리저리 몸을 틀며 잔잔히 소리 내 웃음 짓는 잎새들, 그 사이로 햇빛은 살랑살랑 이슬비처럼 숲속에 내려앉는다. 춥지도 덥지도 않은 알맞은 기온에 봄날의 싱그러운 신록이 청량함을 뽐내는 곳. 바로 고창 선운사에서 도솔암까지 걷는 봄 숲길이다.

이른 봄 3월에는 붉은 동백으로 가득 물들고, 무더

위가 차츰 물러갈 즈음에는 붉은 꽃무릇이, 가을바람이 솔솔 불어올 즈음에는 주황빛의 단풍이, 그리고 겨울에는 새하얀 설경이 아름답게 빛나는 이곳은 사시사철 언제 찾아도 늘 최고의 자연을 보여준다. 하지만 그때가 되면 워낙 방문객이 많은 인기 여행지라 혼자 조용히 즐기지 못하는 것이 아쉬운데, 그런 이유로 고민이 된다면 지금처럼 봄에 찾는 것을 추천한다. 봄에는 비교적 찾는 이가 없어 혼자서 조용히 자연을 즐길 수 있다. 꽃도 단풍도 새하얀 설경도 없지만, 그보다 더 아름다운 고요함이 깃든 청량한 숲길을 유유자적 걸을 수 있다. 숲과 바람이 전해주는 이야기를 들으며 마음으로 호흡하고 마음으로 걷는 길. 새소리밖에 들리지 않는 고요한 숲길을 혼자만의 생각에 잠겨 천천히 걷는 것이 이 여행의 전부지만, 눈보다는 마음이 더 즐겁다. 그리고 그래서 더 특별하다.

자연에 취해 모든 걸 내려놓고 힐링하는 것도 좋지만, 이곳의 '숨은 전설'을 음미하며 숲길을 걸으면 더욱 재미있게 여행을 즐길 수 있다. 선운사 담벼락에 인사하며 도솔천을 따라 도솔암까지 걷는 약 2.5km 길이의 숲길 사이사이에 신기한 전설이 하나씩 숨어 있기 때문이다. 해당 지점을 지날 때마다 그곳에 얽힌 전설을 떠올리며 걷는 것도 특별한 경험이 된다.

여행의 시작은 '선운사'다. 선운사는 아름다운 동백 숲을 만날 수 있는 천 년 고찰로, 대웅전 뒤편에 수령이 약 500년 넘은 동백 숲이 마치 병풍처럼 멋들어지게 둘러져 있다. 선운사의 대표적인 명물 중 하나인 천연기념물로, 3~4월쯤 붉게 물들어 아름답게 꾸민다. 그 선운사에 이르기 직전 선운사 담벼락을 따라 나란히 흐르는 도솔천 위로 거울처럼 비치는 봄날의 신록이 무척 아름답다. 이 도솔천을 따라 선운사를 스치듯 지나 숲길로 들어서면 그때부터 전설로 향하는 여행이 시작된다.

———

제일 먼저 만나는 것은 미륵바우다. 바위 모양이 미륵 부처와 닮았다 해서 이름 붙인 바위로, 정성을 다하면 병이 낫고 근심 걱정이 사라진다는 신비한 바위다. 미륵바우 옆에는 사람들의 정성이 가

POINT ———

많은 사람들이 찾는 선운사는 3월의 동백을 보러 가거나, 9월의 꽃무릇을 보러 가거나, 가을 단풍을 만나러 간다. 나도 모두 가보았지만, 선운사에서 도솔암까지 이어지는 숲길만큼은 봄이 명품이다. 가장 큰 이유는 인적 없는 고요함이 머물고, 청량하고 푸른 숲속을 걸으며 자연과 마음을 나눌 수 있기 때문이다. 봄 중에도 4월 말에서 5월 초가 가장 청량한 빛을 낸다. 경사도가 거의 없는 편이라 편하게 걷기 좋다. 비포장이지만 차량 통행이 가능해 가끔 도솔암을 오가는 차가 지나가는 것이 흠이긴 하지만, 자주 지나다니지는 않는다. 어느 시간에 가도 한적한 길이지만 이른 아침일수록 더 한적하고 고요하다. 고창은 복분자와 풍천 장어가 유명하다. 선운사 입구에 복분자 주스를 파는 곳이 여러 곳 있어 쉽게 맛볼 수 있고, 풍천 장어는 여러 곳에서 먹어봤는데 그중 '황토바다(063-564-9277)'라는 식당이 가장 인상적일 만큼 맛있었다.

득 담긴 작은 돌탑이 한가득 쌓여 있다. 얼마나 많은 사람들이 진실한 마음으로 그들의 안녕을 빌었을지, 나보다 이전에 왔던 이들의 마음이 어림으로나마 짐작된다.

곳곳에 쌓아 올린 염원의 돌을 하나둘 구경하며 천천히 걸음을 옮기면, 연이어 연리목을 만날 수 있다. 연리목 앞에서 손을 꼭 잡고 소원을 빌면, 서로 간의 애정이 두터워지고 사랑과 소원이 이루어진다는 전설이 깃들어 있다. 이 연리목에서 조금 더 걸으면 얼마 지나지 않아 진흥굴이 나오는데, 불교를 숭상했던 진흥왕과 도솔왕비, 중애공주가 참선수도한 굴이라고 한다. 천연 동굴에 인간의 손길이 가미되어 지금의 모습이 되었다는데, 높이는 대략 4m, 깊이는 10m에 달한다. 도솔왕비와 중애공주의 영생을 위해 윗산에 중애암, 아래에 도솔암을 세운 진흥왕의 염원에 내 개인적 소원까지 담아 경건한 마음으로 짧게 소원을 빌고 다음 전설로 시선을 옮긴다. 장사송이다. 지명을 딴 이름으로 진흥굴 옆에 있어 진흥송이라고도 불린다. 8개의 가지는 팔도를 닮았다고 한다 참고로 친연기념물이다. 장사송의 왠지 모를 거룩함에 한층 더 경건하고 겸허한 마음으로 숲길을 따라 이동하다 보면, 마침내 도솔암이 그 모습을 드러낸다.

도솔암은 동불암지 마애여래좌상과 내원궁으로 특히 더 유명하다. 암벽 칠송대에 새겨진 높이 15.7m, 너비 8.5m의 거대 마애불상인데, 가슴 아래 복장(불상에 사리와 불경을 넣는 것 또는 그 사리나 불경을 가리키

INFO ────────────────────────────────

예약 여부 없음 **운영 기간** 없음 **운영 시간** 없음 **입장 마감** 없음 **주차** 전라북도 고창군 아산면 삼인리 126 **주소** 전라북도 고창군 아산면 삼인리 535

는 말)으로 보관된 비결(秘訣)을 꺼내면 새로운 세상이
열린다는 전설이 전해 내려오고 있다. 실제로 이 비결
을 꺼내서 본 사람이 있어 이것을 믿어야 할지, 말아야
할지 더욱 고민이 된다. 1787년 조선 영조 때 전라 감
찰사 이서구와 1892년 동학 정읍 대접주 손화중이 보
았다고 전해신다. 이서구는 꺼낸 비결을 열어보기 전에
벼락이 쳐 미처 다 보지 못하고 앞 장의 '이서구가 열어
본다'는 문구만 보았다고 한다. 반면 손화중은 비결을
꺼낸 후 더 많은 동학교도와 세상을 바꾸기 위해 고군
분투했다고 한다. 과연 그 후에 예언대로 새로운 세상
이 열렸는지는 지금보다 더 나중에야 알 수 있지 않을
까. 가슴이 짜릿해지는 전설을 마음에 가득 품고, 간절
한 기도는 꼭 들어준다는 내원궁의 금동지장보살좌상
에 마지막으로 소원을 빈 후 여행을 마무리한다.

　　고서에나 나올 법한 신비로운 전설에 인간의
경지를 훌쩍 넘어버린 아름다운 자연이 더해져 한
층 더 신비롭고 묘한 느낌을 자아낸다. 그래서 아
무도 없을 때는 나도 비결을 한번 꺼내볼까 하는 호
기로운 마음마저 생긴다. 현실에서 잠깐 벗어나 모
든 것을 잊고 눈앞의 자연과 재미있는 옛이야기에
집중할 수 있는 시간이었다. 신비로운 숲길에 모든
소원을 가득 남겨놓은 채 다시 현실로 돌아온다. 진
짜 '여행' 같은 여행이었다.

PLUS

· **보리나라 학원농장** 봄 청보리, 여름 해바라기, 가을 메밀꽃을 만날 수 있는 우리나라 경관 농업의 효시가 된 곳으로 드라마 <도깨비>를 비롯해 수많은 영화와 드라마의 촬영 배경이 된 곳이다. 4월경에 찾으면 청보리가 가득한 동화 같은 언덕을 만날 수 있다.

· **고창읍성** 조선시대에 축조된 석성으로 백제시대에 불리던 고창의 옛 지명을 따서 모양성이라고도 부른다. 손바닥만 한 돌을 머리에 이고 이 성곽 위를 한 바퀴 돌면 다리 병이 낫고, 두 바퀴 돌면 무병장수하고, 세 바퀴 돌면 극락왕생한다는 이야기가 전해지고 있다. 윤년 윤달에 돌을 머리에 이고 성곽 위를 밟고 도는 전통 민속놀이인 답성놀이가 우리나라에서 유일하게 이어지고 있는 곳이기도 하다. 4월경 고창읍성에 가면 성곽을 따라 나 있는 예쁜 철쭉도 만날 수 있다.

· **운곡람사르습지** 아직 많이 알려지지 않은 보석 같은 습지로 입구에서 탐방 열차를 타고 종점에 내리면 세계 최대 고인돌을 만날 수 있고, 거기서부터 1.6km 정도 생태 숲길을 걸어 들어가면 신비로운 풍경의 논 습지를 만날 수 있다. 4월경 논 습지를 찾으면 푸른 숲 위로 날아다니는 버드나무 씨가 눈 내리는 풍경을 연상케 하는 신비로운 광경을 볼 수 있다.

숲과 바람이 전하는 이야기를 들으며

천천히 마음으로 호흡하고 마음으로 걷는 길

깊은 고요함 속에

봄빛이 싱그러운 신록이 청량함을 뽐낸다.

눈보다는 마음이 더 즐거워지는

'선운사에서 도솔암까지 걷는 봄 숲길'이다.

억만금을 쥐도 아깝지 않을
아주 잠시의 폭포가
쉬지 않고 흘러내린다.

죽기 전

마
이
산

봄(4월)
AM 06:00~07:00 전후 *여름에는 우천 시

ⓒ 양성열

1년 중 아주 잠시만 만날 수 있는 풍경이 있다면 어떨까. 늘 그곳에 있는 풍경이 아니라 계절과 시간, 그리고 자연이 만들어낸 일시적인 풍경이라면 분명 억만금을 주고 봐도 아깝지 않을 것이다. 전라북도의 대표적인 명승으로 손꼽히는 마이산이 바로 그런 곳이다.

말의 귀를 닮은 신비로운 자태를 뽐내는 마이산(馬耳山)은 많은 여행자의 사랑을 받는 인기 여행지다. 멀리서 보아야 말의 귀 형상이 한눈에 더 잘 들어오는데, 각각의 귀를 암마이봉과 숫마이봉으로 부른다. 약 1억 년 전 자갈과 모래, 진흙 등이 쌓여 형성된 역암층으로 이루어진 마이산에서는 바위에 벌집처럼 구멍이 파이는 타포니 현상이 쉽게 관찰되는데, 그 독특한 지질구조로 국가지질공원으로 지정되었다. 말의 귀를 닮아 우뚝 솟은 형상도, 독특하고도 특별한 지질도 모두 흔치 않은 신비로운 산이다.

　마이산 아래에 자리 잡은 마이산 탑사 역시 신비한 이야기와 볼거리가 많은 곳이다. 마이산 탑사는 경내에 크고 작은 돌탑들이 마치 숲을 이루듯 가득 쌓여 있는데, 조선 후기 이갑룡이라는 사람이 손으로 쌓아 올린 신비한 돌탑이라고 한다. 당시 수십 년간의 시간을 들여 약 108기의 돌탑을 쌓았고, 그중에서 대략 80기가 지금까지 남아 있다고 한다. 접착제나 시멘트를 써서 이어 올린 것도 아니라 태풍이나 강풍이 불면 무너질 법도 한데, 어찌 된 일인지 지금까지 남은 80기 남짓의 탑들은 아무리 강풍이 불고 태풍이 와도 무너지지 않았다고 한다. 여기에 물이 얼면 일반적인 고드름 모양의 반대 방향으로 '역고드름'이 어는 기이한 현상까지 더해져 이곳에는 신비한 기가 흐른다고들 이야기한다.

　그뿐 아니라 마이산을 배경으로 조선을 건국한 이성계에 관한 여러 설화가 전해지기도 한다. 이성계가 왕이 되기 전 어느 날 신인(神人)에게 금척(金尺)을 받는 신령한 꿈을 꾸게 된다. 훗날 그가 황산대첩에서 왜구를 크게 무찌르고 개선하던 중 마이산을 지나게 되는데, 산의 기이한 모습이 신인으로부터 금척을 건네받았던 꿈속 장소와 똑같아서 놀랐다고 한다. 그때 이성계가 잠시 머물며 심었다고 전해지는 청실 배나무가 마이산 중턱에 자리한 은수사 옆에 아직 살아 있는데, 천연기념물로 지정되었다. 이렇듯 마이산은 몽금척(이성계가 꾼 꿈을 내용으로 하는 조선 건국 기념 궁중 무용)의 기원지이자 왕의 기운이 흐르는 영험한 산이기도 하다.

이처럼 많은 볼거리와 이야깃거리를 품은 마이산은 국내에서 손꼽을 만한 비중 있는 여행지로 손색이 없음은 물론, 사계절 언제 가도 훌륭한 여행지로 인기가 높다. 그래서 많은 여행자들이 가보았을 것이고, 여기까지는 다 아는 내용일지도 모른다. 하지만 마이산을 찾은 적이 있는 대부분의 여행자들이 놓쳤을지도 모르는 숨은 비경이 있다. 계절과 시간, 그리고 기후 속에 숨어 모습을 잘 드러내진 않지만, 단 한 번이라도 그 모습을 보게 된다면 아마도 평생 잊지 못할 만큼 큰 감동을 안겨주는 두 가지 절세 비경이다. 하나는 봄철 이른 새벽에만 만날 수 있고, 또 하나는 장대비가 내리는 날에만 잠시 만날 수 있다.

꿈길 같은 봄 길을 만나는 몽환적인 벚꽃 길 '마이산 벚꽃'
봄 / 4월 / AM 06:00~07:00 전후

진안은 평균 해발고도가 약 500m에 이르는 고원에 자리 잡은 고장이다. 그래서 봄도 늦고 벚꽃도 늦게 핀다. 전국의 수많은 벚꽃 명소들이 벚꽃 엔딩을 맞이할 즈음, 비로소 꽃을 피우기 시작하는 진안고원의 마이산 벚꽃은 전국에서 가장 늦게 피는 벚꽃으로 알려져 있다. 이 무렵 마이산을 찾으면 남부 주차장 입구부터 탑사까지 이어지는 3km 구간이 온통 벚꽃으로 가득하다. 그냥 보아도 멋지고 화려해 국내에서 손꼽을 만한 벚꽃 명소로 잘 알려져 있다. 하지만 마이산 벚꽃의 절세 비경은 오직 아침 안개가 가득 내려앉은 이른 새벽에 찾아가야만 만날 수 있다. 시간과 기후가 숨겨둔 비경이다.

'멋지다'라는 말보다 '아름답다'는 표현이 더 잘 어울리는 봄날의 아침이 꼭꼭 숨겨둔 황홀한 비경이 펼쳐지는 마법 같은 순간. 고요한 적막 속 공간을 가득 채운 하얀 안개, 그 사이로 조금씩 희미하게 모습을 드러내며 이어지는 만개한 벚꽃 길, 인적 없는 아침의 고요한 정적을 깨우는 새들의 지저귐, 마치 천국으로 이어질 것만 같은 몽환적이고 신비스러운 풍경이 아름답고 고요하게 펼쳐진다. 소리 없이 흐르는 잔잔한 바람을 타고 공간을 떠다니는 안개는 짙어졌다가 이내 다시 옅어진다. 구름 속을 헤매듯 꽃길을 걷다 보면, 꿈속을 걷는 건지 현실 속을 걷는 건지 생각도 마음도 서서히 몽환 속으로 빠져 들어가게 된다. 이토록 몽환적인 벚꽃 길은 전국의 수많은 벚꽃 명소에서는 만날 수 없는, 오직 마이산 벚꽃만이 지닌 특별한 비경이다.

이른 새벽 주차장에서부터 시작해 꿈길을 걷듯 꽃길을 따라 걷다 보면, 벚꽃을 두른 저수지 '탑영제(塔影堤)'에 이른다. 맑은 계곡수가 모여 마이산의 형상이 그림자처럼 비치는 저수지라 해서 붙은 이름이다. 수변을 따라 줄지어 늘어선 벚꽃이 멋진 산수화 같은 풍경을 자아낸다. 여기에 물안개까지 겹치는 날이면 온몸에 닭살이 돋을 정도로 수려한 벚꽃 엔딩이 펼쳐진다. 저수지를 둘러싼 편도 1차로 도로 위로 눈처럼 가득 떨어지는 벚꽃잎과 그 위를 뒤덮는 안개, 그리고 여기에 운치를 더하는 자동차의 헤드라이트까지. 금방이라도 영화 속 남녀 주인공이 튀어나와 아련한 봄 로맨스를 보여줄 것만 같다.

그렇게 탑영제를 지나 탑사까지 벚꽃 길이 이어진다. 마이산에 가보았든 아직 가보지 못했든 봄날의 이른 새벽 아침, 안개가 내리는 날이면 꼭 찾아가야 할 길이다.

POINT

등산을 좋아하는 여행자라면 암마이봉에 올라보는 것도 좋다. 암마이봉은 겨울을 제외하고는 등산이 가능한 구역이지만, 숫마이봉은 가파르기 때문에 아예 등산이 금지된 구역이다. 숫마이봉은 보는 각도에 따라 코끼리 코처럼 보이기도 해 '코끼리바위'로 불리는데, 은수사 앞마당에 서서 바라보면 코끼리를 닮은 모습을 확인할 수 있다. 마이산 부근은 고원에다 습한 지역이라 안개가 자주 낀다. 그래서 안개와 운해가 아름답다. 밤낮 기온차가 심하고 습도가 비교적 높은 날에 찾으면 안개를 만날 확률이 높다. 벚꽃이 피는 시기가 환절기라 안개 끼는 날이 많은 편이다. 마이산폭포는 강우가 내리는 순간에만 잠깐 나타났다가 사라진다. 그 때문에 1년 중 단 며칠밖에 볼 수 없는 귀한 풍경이다. 폭포를 보는 것이 목적이라면 기상정보를 꼭 체크하고 찾아가야 한다.

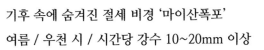

기후 속에 숨겨진 절세 비경 '마이산폭포'
여름 / 우천 시 / 시간당 강수 10~20mm 이상

마이산 탐사는 그 자체만으로도 신비한 이야기와 볼거리가 많지만, 사실 진짜 진면목은 한여름철 비가 억수같이 내릴 때만 볼 수 있는 '우중 신비의 마이산폭포'다. 아주 높은 순간 강수를 동반한 비가 내릴 때만 일시적으로 만날 수 있는 폭포로, 1년에 몇 번 볼 수 없는 비경 중의 비경이다. 진짜 폭포는 아니고, 절과 탑 뒤에 자리 잡은 절벽 위로 비가 모여 내리치는 모습이 폭포처럼 보인다 해서 붙은 별명이다. 시간당 10~20mm 이상의 많은 비가 내리는 강우에만 생겼다가 비가 잦아들면 금세 사라지고 마는 도깨비 폭포다. 원래 있는 폭포도 아니고 계곡물이 이어져 내려오는 폭포도 아니기 때문에 당연히 비

가 그치면 폭포도 사라진다. 비가 고여 절벽 아래로 흐르는 시원한 물줄기가 여느 폭포와 비교해도 손색없을 정도로 웅장한 위용을 내뿜는다. 계절과 기후 속에 숨겨진 신비롭고 경이로운 비경인 마이산폭포는 한 번쯤은 꼭 만나봐야 할 특별한 광경이다. 만나기 힘든 광경이지만, 단 한 번을 봐도 평생 잊지 못할 감동과 기억으로 남기에 모자람이 없는 비경 중의 비경이다.

INFO

예약 여부 없음 **운영 기간** 없음 **운영 시간** 없음 **입장 마감** 없음 **주차** 남부주차장 전라북도 진안군 마령면 동촌리 70-21 탑사 주차장 전라북도 진안군 마령면 동촌리 11-2 **주소** 마이산탑사 전라북도 진안군 마령면 마이산남로 367

PLUS ─────────────────────────

· **운일암반일암 출렁다리** 진안 최고의 여름 피서지로 각광받는 계곡이다. 산세가 깊어 구름 밖에 보이지 않고, 계곡이 깊어 반나절만 햇빛이 든다 해서 '운일암반일암'으로 불리는데, 이름처럼 아름다운 계곡이다. 계곡 주변으로는 계곡의 멋진 절경을 발아래 내려다볼 수 있는 구름다리가 걸쳐져 있고, 트레킹 코스로 인기 있는 진안고원길 9구간이 이어져 있다.

· **진안의 벚꽃 드라이브 명소** 진안은 마이산 벚꽃 말고도 가볼 만한 벚꽃 명소가 많다. 다른 지역의 잘 알려진 명소보다는 비교적 한적하게 벚꽃을 만날 수 있으니 시간이 된다면 드라이브 코스로 겸해 둘러봐도 좋다.

▶ 곰티재 (장승초등학교: 전라북도 진안군 부귀면 곰티로 1287) 장승초등학교에서 신정 저수지 방향으로 약 3km 구간이 모두 벚꽃 길이다. ▶ 용담호(전라북도 진안군 용담면 호계리 산15-11) 용담호를 따라 나 있는 호반 도로 전반이 벚꽃 길이다. 위 주소 주변이 벚꽃이 좋고 대형 주차장이 있다. ▶ 데미샘 10리 벚꽃 길(데미샘 삼거리: 전라북도 진안군 백운면 신암리 244-11) 이 주소를 따라가면 10리 벚꽃 길 종점까지 안내한다. 시간이 된다면 섬진강의 발원지인 데미샘도 함께 만나볼 만하다.

· **부귀산전망대** 등산 없이 차로 산 능선까지 올라 아름다운 마이산 운해를 만날 수 있는 곳으로 일명 마이산 운해 포인트다. 반은 포장길이고 반은 험한 비포장길이라 일반 승용차는 차량 손상의 염려가 있으니, 꼭 SUV 차량을 이용해 올라가길 추천한다. 부귀산 운해를 만나려면 일출 시간 전후에 가야 한다. 주소 전라북도 진안군 진안읍 정곡리 산15-2

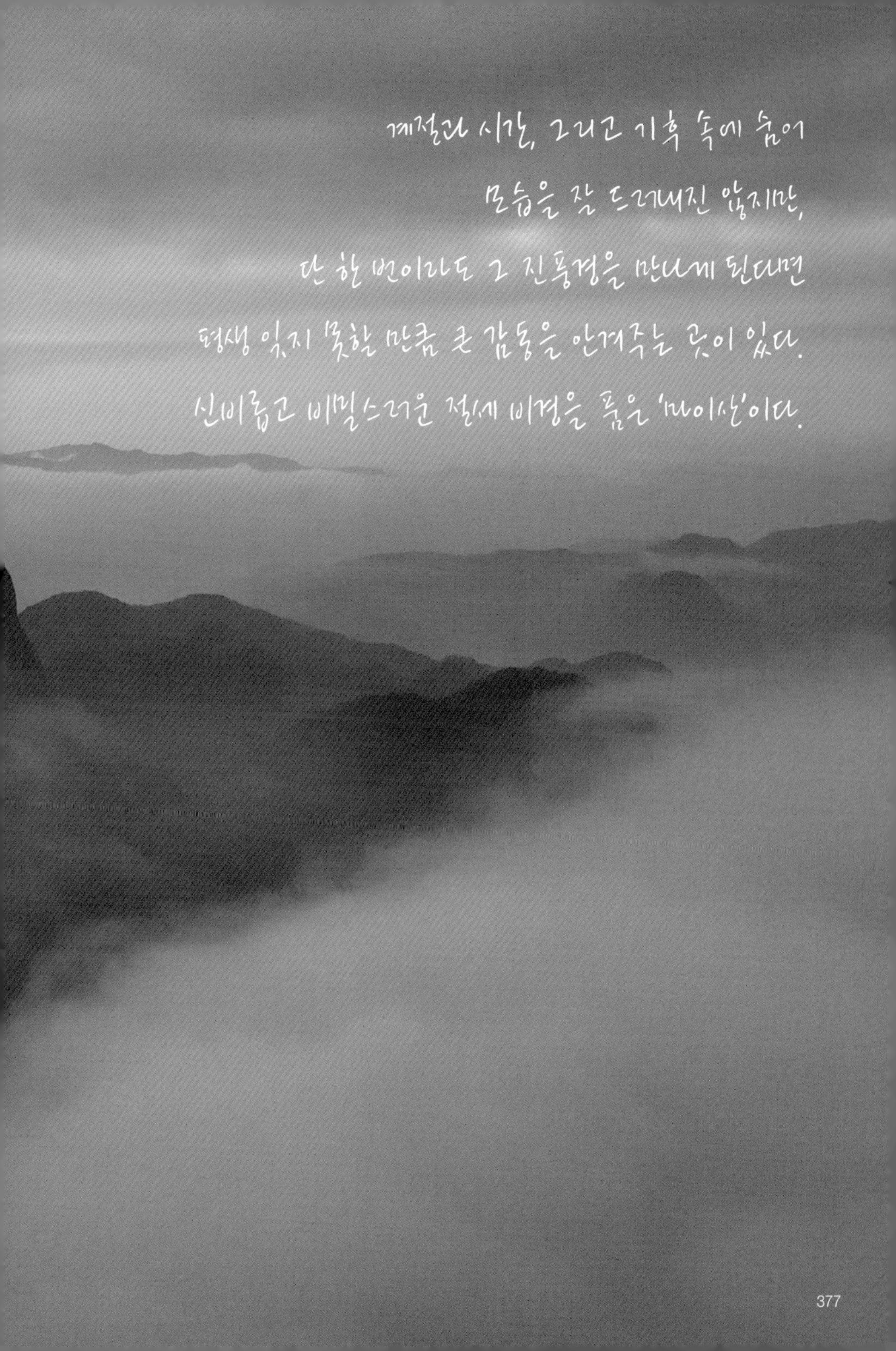

계절과 시간, 그리고 기후 속에 숨어
모습을 잘 드러내진 않지만,
단 한 번이라도 그 진풍경을 만나게 된다면
평생 잊지 못할 만큼 큰 감동을 안겨주는 곳이 있다.
신비롭고 비밀스러운 절세 비경을 품은 '따이산'이다.

산사에 붉은 눈물이 피면

마음속에

인연의 바람이 흐드러진다.

죽기 전

꽃무릇 여행

가을(9월)
오전 또는 오후

가끔 흘러가는 바람이 인연의 의미를 되새기게 할 때가 있다. 바람이 흘러가듯 인연이란 것도 모두 흘러가고 마는 것인지, 반대로 바람처럼 흘러가다 보면 언젠가 인연에 닿을 수 있는 것인지. 혹여 아직 뚜렷해지지 않은 이 얇디얇은 인연의 실이 바람에 끊어져버리지는 않을까 괜스레 노심초사하는 상사의 마음이 9월의 붉은 상사를 마주할 때마다 더욱 깊어진다.

여름 무더위가 한풀 꺾이고 선선한 바람이 불어올 즈음이면 산사를 붉게 물들이는 꽃 무리가 있다. 바로 '꽃무릇'이다. 수선

POINT

석산이라고도 불리는 꽃무릇은 예로부터 탱화를 그리는 재료로 활용되었기에 주로 사찰에서 많이 길렀다. 그 전통을 지금까지 지켜오고 있는 가장 대표적인 사찰이 선운사라 할 수 있다. 하루 만에 세 곳을 모두 돌아보려면 가장 사람이 많이 찾는 선운사를 첫 코스로 잡고, 불갑사, 용천사 순으로 돌아보는 것이 좋다. 내 경험으로는 주말 기준으로도 당일 세 절 밟기가 가능했고, 평일이면 더 수월하다.

화과에 속하는 여러해살이풀로, 산기슭에서 주로 자란다. 도시에서는 쉬이 볼 수 없는 꽃인 만큼 꽃무릇이 필 시기가 되면 일부러 산사를 다니며 꽃을 감상하는 여행자도 많다. 말하자면 '꽃무릇 여행'이다.

이 꽃은 꽃과 잎이 서로 따로 핀다. 쉽게 말해 꽃과 잎이 함께 나는 다른 꽃들과 달리, 잎이 모두 진 뒤에야 꽃이 핀다. 이

런 연유로 흔히 서로 만나지 못하는 연인에 비유되고는
한다. 꽃과 잎이 서로 만나지 못하는 모습이 멀리 떨어져
만나지 못하는 연인의 이룰 수 없는 사랑을 연상시킨다
고들 말이다. 그래서일까. 마치 이미 져버린 잎처럼 떠나
간 연인이 자신을 발견하고 다시 찾아와주길 바라는 듯
초가을만 되면 온 산사를 붉은빛으로 하염없이 물들이
며 누구보다도 화려하게 꽃을 피운다.

　꽃무릇의 이러한 자태를 실컷 볼 수 있는 곳이 세 군
데 있다. 고창의 선운사, 영광의 불갑사, 함평의 용천사
다. 세 곳 모두 차로 1시간 이내 거리이기 때문에 하루에
다 돌아볼 수 있어 당일치기 여행지로 아주 좋다.

　　전라북도 고창에 위치한 선운사는 꽃무릇 여행의 원조 격인 곳이다. 도솔천을 따라 절이 있고 그 주위에 고목들이 서 있는데, 사찰의 오래된 역사만큼이나 긴 시간 동안 이곳을 지킨 고목들이다. 그 사이사이에 꽃무릇이 가득 피어 있다. 특히 도솔천의 수면 위로 꽃무릇이 비치는 경치는 말을 잇지 못할 정도로 매우 아름답다. 운이 좋으면 물안개도 같이 볼 수 있는데, 도솔천에 비친 꽃무릇의 모습 사이사이에 물안개가 끼어 꽃의 애절한 사연을 더욱 애틋하게 만들어준다. 근처에는 '국화꽃 시인'으로 유명한 미당 서정주 선생의 생가와 미당시문학관이 있어 함께 둘러보면 좋다. 이외에도 아름다운 벽화가 있는 돋음볕마을, 드라마 〈도깨비〉 촬영지로도 유명한 드넓은 메밀꽃밭의 학원농원까지 있어 두루두루 여행하기 좋다.

전라남도 영광에 있는 불갑사도 꽃무릇 여행에서 빼놓을 수 없는 여행지다. 주차장부터 절 입구까지 펼쳐진 드넓은 광장과 숲 사이사이에 꽃무릇이 가득 피어 있다. 꽃무릇 군락의 규모로는 아마 세 곳 중 최고일 것이다. 하지만 그만큼 관광지 느낌이 조금 더 강하다. 이곳에서 꽃무릇을 만끽하고 근처의 백수해안도로에서 노을을 감상하는 코스로 여행하는 걸 추천한다. 강이 산을 돌아 바다를 만나는, 해발 240m의 높지 않은 대덕산 정상에서 일몰을 내려다보는 것도 여행을 마무리하기 아주 좋은 방법이다. 가히 우리나라의 숨겨진 비경이라고 해도 손색없는 일몰을 볼 수 있다. 먹는 재미도 쏠쏠한데, 백제 불교 최초 도래지인 법성포에서 우리나라 최고로 손꼽히는 영광 굴비를 먹는다거나 영광의 명물인 모싯잎 송편(모시송편)을 먹어보는 것도 놓칠 수 없는 재미다.

INFO

예약 여부 없음 **운영 기간** 없음 **운영 시간** 없음 **입장 마감** 없음 **주차** 선운사 전라북도 고창군 아산면 삼인리 126 불갑사 전라남도 영광군 불갑면 모악리 384-2 용천사 선라남노 함병군 해보면 광암리 471 **주소** 선운사 전라북도 고창군 아산면 선운사로 250 불갑사 전라남도 영광군 불갑면 불갑사로 450 용천사 전라남도 함평군 용천사길 209 **전화** 선운사 063-561-1422 불갑사 061-352-8097 용천사 061-322-1822

물론 이렇게 두 곳 모두 재미가 가득한 곳이지만, 그
럼에도 함평의 용천사를 절대로 지나쳐서는 안 된다. 아
름답다는 말보다 '예쁘다'는 말이 더 잘 어울리는 아기
자기하고 예쁜 꽃무릇 여행지. 절 입구의 저수지 둑 위
로 붉은 꽃무릇이 피는데, 특히 절집 건물 사이사이로 피
는 꽃무릇 풍경이 정말 예쁘다. 이렇게 경내에도 꽃무릇
이 핀다는 점이 다른 두 곳과의 대표적인 차이다. 고풍
스러운 절집과 붉은색의 꽃무릇이 화려하게 어우러지
는 풍경이 마치 한 폭의 동양화를 보는 듯 아름다우면서
도 신비롭다. 세 곳 중 가장 덜 알려진 곳이기 때문에 상
대적으로 찾는 사람이 덜하다는 것도 이곳만의 최고 강
점이다.

PLUS

· **고창 보리나라 학원농장** 이 무렵 학원농장을 찾으면 푸른 초원 위에 하얗게 내린 눈, 메밀꽃을 만날 수 있다. 메밀꽃이
필 무렵의 학원농장 풍경은 드라마 <도깨비>의 명장면을 만들어내기도 했다.

· **영광 법성포** 그 유명한 영광 굴비가 탄생한 법성포에 가면 꼭 먹어봐야 할 음식이 영광 굴비다. 수많은 영광 굴비 명가가
포진되어 있는데, 그중 가성비가 가장 좋아 자주 찾는 집은 '강화식당(061-356-2562)'이다. '백제 불교 최초 도래지'
가 법성포에 위치해 가볼 만하고, 해발 240m의 대덕산 정상에서 내려다보는 법성포의 풍경은 영광에서 가장 빼어난 풍
경이다. 법성포에서 가까운 드라이브 코스, 백수해안도로는 노을이 질 무렵이 가장 아름답다.

최대한 세 곳을 모두 둘러보는 편이 가장 좋겠지만, 그러지 못하더라도 괜찮다. 각각 개성 있는 아름다움을 간직한 곳이기 때문에 한 곳만 둘러보더라도 꽃무릇의 매력을 감상하기에 충분하다. 슬픈 사연이 담긴 이 꽃이 어쩐지 마음에 든다. 이 꽃이 이토록 붉게 피며 기다리는 이가, 만나지 못해 서글퍼하는 이가 비록 나는 아닐지라도 상관없다. 바람마저 잠시 멈췄다 가는 그 먹먹한 아름다움에 산사를 찾은 새조차 울음을 그친다. 꽃무릇의 붉은 가을이 깊어간다.

닿을 수 없는 인연이 그리.
그 슬픈 사연에 바람마저 잠시 멈춰 선다.
상사에 피는 붉은 눈물,
가을의 문턱에서 만나는 '꽃무릇 여행'이다.

30만 그루의 벗나무가

벚꽃 잎 흩날리는

도심 속 봄의 낭만

죽기 전

진
해
벚
꽃

봄(3월 말~4월 초)
아침~저녁

봄에만 만날 수 있는 벚꽃을 만족할 만큼 실컷 감상할 수 있는 곳이 있다. 자그마치 30만 그루의 벚나무가 화려하게 꽃을 피우는 진해다. 한 도시에서 가장 많은 벚꽃을 볼 수 있는 곳으로 유명한 만큼 그 어디보다도 봄을 제대로 만끽할 수 있는 최고의 봄 여행지다. 봄바람을 살랑살랑 맞으며 기분 좋게 드라이브하기 딱 좋다.

가장 먼저 여행자를 맞는 곳은 안민고개다. 도로 양옆으로 벚꽃이 터널처럼 한가득 피어 있는 모습이 청춘 영화에 나올 법하다. 속도를 조금 늦춰 벚꽃잎을 최대한 눈에 담으며 지나가본다. 가히 진해 벚꽃 드라이브의 1번지라고 부를 만한 곳이다. 굽이진 산길을 달리는 편도 1차로 도로를 벚꽃잎으로 수놓는 수려한 벚나무들이 기가 찰 정도로 아름답다. 하늘을 올려다보면 파란 하늘에 분홍 벚꽃이 가득 떠다니는 몽환적인 풍경까지 볼 수 있다. 산허리를 감싸고 도는 벚꽃 길이 장관이다. 밤에는 야경까지 볼 수 있어 낮에 한 번, 밤에 한 번 들러도 좋다.

그다음은 경화역. 안민고개가 청춘 영화라면, 이곳은 그보다 더 진한 무드의 로맨스 영화에 나올 법한 경치다. 철로와 벚꽃이 만나는 낭만적인 벚꽃 길을 거닐어볼 수 있다. 철길 양옆으로 벚나무가 빽빽하게 들어서 있는 모습이 어쩐지 애잔하면서도 아름답다. 자갈 위 철길을 걸으며 어디선가 들려올 것만 같은 잔잔한 음악을 마음속으로 떠올려본다.

———

하루 종일 벚꽃만 보면 조금 질릴까 걱정이라도 했는지, 이번엔 개나리다. 분홍색의 벚꽃 사이사이로 샛노란 개나리가 보기 좋게 끼여 있다. 드라이브

POINT ————
한적하고 여유 있게 진해의 도심 속 벚꽃을 보려면 주말보다 평일이 좋고, 주말이라면 이른 아침에 찾는 것이 좋다. 소개한 모든 장소에 야간 조명도 설치되어 있어 밤 벚꽃을 즐기기에도 좋고, 제황산 공원 근처에서 열리는 야시장도 즐겨볼 만하다. 진해 맛집으로는 '신생원(055-544-1451)'의 사천짜장, '감로수식당(055-511-1144)'의 매운탕, '동부회센타(055-541-0932)'의 해산물이 인상적이었다.

코스로도 좋고 산책 코스로도 좋은 장복산조각공원이다. 아름답게 길을 밝히는 분홍과 노랑의 꽃을 찬찬히 감상하며 적당한 속도로 1차선 도로를 빠져나간다.

여행이 어느 정도 무르익어가면 슬슬 여좌천으로 향하는 걸 추천한다. 진해 벚꽃 명소 중 가장 유명한 곳이다. 앞선 곳들로 여행을 달궜으니 이제 클라이맥스로 치달을 때다. 아주 좁은 하천인 여좌천을 따라 1km 남짓한 길이로 벚꽃 길이 형성돼 있다. 말 그대로 벚꽃에 파묻혀 봄의 정령과 마주할 수 있는 곳이다. 로망스다리를 만나는 진해 벚꽃 1번지에서 여운이 남지 않을 정도로 충분히 봄을 즐겨본다. 다른 계절에 비해 유난히 짧은 봄이 아쉬워지지 않도록 최대한 느긋하게 벚꽃을 즐긴다.

이곳에 올 때마다 여행의 마무리는 항상 정해져 있다.

100년이 넘는 역사를 지닌 진해우체국과 '탑산'으로도 불리는 제황산공원이다. 진해우체국은 근대건축물의 아름다움을 그대로 간직한 곳으로, 아름답게 핀 주변 벚꽃과 조화를 이루며 어우러진다. 꼭 한 폭의 그림 같다. 일제강점기에 일본군의 군항이 건설돼 시가지가 조성되었던 진해에는 당시의 건축물들이 근대 문화유산으로 잘 보존돼 있다. 이렇게 곳곳에 숨어 있는 근대건축물을 하나하나 찾아보며 여행하는 것도 진해가 품은 또 다른 재미다. 제황산공원에서 그런 진해의 전경을 한눈에 조망할 수 있다. '1년 계단'이라는 별칭이 붙은 365계단을 걸어 올라 진해 꼭대기에 시면 봄을 품은 진해의 모습을 한눈에 감상할 수 있다.

여유 있게 하루 정도 잡고 돌아보면 좋을 진해 벚꽃 여행은 꼭 봄이어야만 가치가 있다. 언젠가 봄이 끝나고 징

그러울 정도로 더운 여름과 아리는 추위의 겨울이 찾아오
겠지만, 오늘의 여행으로 이번 봄의 따뜻함을 잊지는 않을
것이다. 곧 지나갈 짧은 봄을 위해, 짧지만 다시 찾아올 봄
을 위해 오늘 하루를 바치고 다시 집으로 향한다.

INFO

예약 여부 없음 **운영 기간** 없음 **운영 시간** 없음 **입장 마감** 없음 **주차** 안민고개 경상남도 창원시 성산구 천선동 산52-10 경화역 경상남도 창원시 진해구 진해대로 649 잠복산공원 갓길 주차장 이용 여좌천 경상남도 창원시 진해구 여좌동 930-2 제황산공원 갓길 주차장 이용 **주소** 안민고개 경상남도 창원시 진해구 안민고개길 183 경화역 경상남도 창원시 진해구 진해대로 649 잠복산공원 경상남도 창원시 진해구 태백동 산84-4 여좌천 경상남도 창원시 진해구 여좌동 217 제황산공원 입구 경상남도 창원시 진해구 제황산동 28-31

PLUS

· **진해드림로드** 진해를 대표하는 둘레길 명소로 길이 27.4km, 총 4개 구간으로 이루어져 있다. 그중 '천자봉 해오름길'의 절반 구간이라 할 수 있는 청룡사 입구부터 안민고개까지 이어지는 약 3.5km에 이르는 길이 봄철 벚꽃으로 가득하다. 진해의 다른 벚꽃 명소보다 비교적 한적한 편인데, 숲길 걷기를 좋아하는 여행자라면 추천한다. 경사가 없는 편이라 가볍게 걷기에 좋고, 숲길을 걸으며 만나는 편백 숲과 벚꽃 터널이 인상적이다.

· **천주산 진달래** 영남 지역의 대표적인 진달래 군락지로 유명한 천주산은 산을 좋아하는 여행자라면 진해 여행 중 꼭 가봐야 하는 등산 코스다. 해마다 조금씩 차이는 있지만 벚꽃이 피는 시기와 진달래가 피는 시기가 비슷한 편인데, 이 무렵 천주산에 오르면 온 산이 분홍빛 진달래로 물든 아름다운 풍경을 만날 수 있다. 천주산을 오르는 최단 거리 코스는 달천공원에서부터 시작하는 코스다.

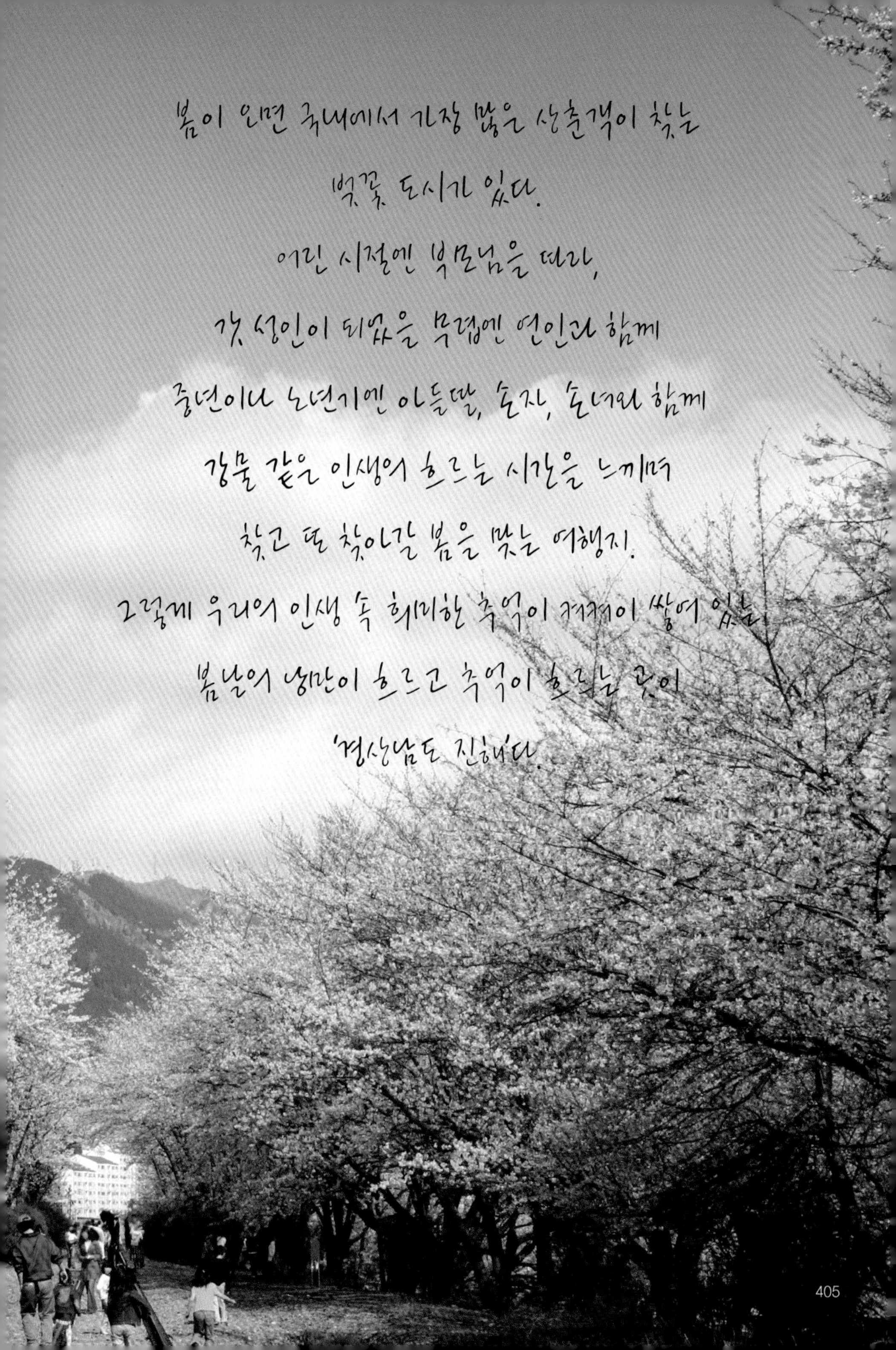

봄이 오면 국내에서 가장 많은 상춘객이 찾는

벚꽃 도시가 있다.

어린 시절엔 부모님을 따라,

갓 성인이 되었을 무렵엔 연인과 함께

중년이나 노년기엔 아들딸, 손자, 손녀와 함께

강물 같은 인생이 흐르는 시간을 느끼며

찾고 또 찾아갈 봄을 맞는 여행지.

그렇게 우리의 인생 속 희미한 추억이 켜켜이 쌓여 있는

봄날의 낭만이 흐르고 추억이 흐르는 곳이

'경상남도 진해'다.

죽기 전

하
늘
재

아기 손 같은 이파리를 흔들며
오랫만의 인사를 전하는 단풍나무 사이로,
한 걸음씩 힘을 주어 걷는다.

가을(10월 말)
오전~오후

하늘과 맞닿아 현재와 미래를 잇는 단 하나의 길을 걷는다. 가을 냄새가 물씬 나는 시원한 오솔길은 여러 번 걸었던 길인데도 지겹지가 않다. 아기 손 같은 이파리를 흔들며 오랜만의 인사를 전하는 단풍나무 사이로 숲의 소리를 들으며 한 걸음씩 힘을 주어 걷는다. 이번 가을에도 어김없이 다시 찾았다. 20년 전 처음 이곳을 찾았을 때부터 지금까지 단 한 번도 잊지 못한 곳. 내가 가장 사랑하는 숲길이자 아마 평생 사랑하게 될 '하늘재'다.

하늘재는 우리나라 최초의 고갯길이다. 삼국시대 156년에 신라 아달라왕이 북진을 위해 만들었다. 말하자면 525m짜리 고개를 넘기 위해 일

POINT

숲길의 단풍도 좋지만 하늘재 초입에서 만나는 키 큰 은행나무 가로수 사이를 지날 때 내리는 은행비가 압권이다. 은행잎이 막 떨어질 즈음에 맞춰 가는 것이 좋다. 단풍 시기와 얼추 비슷하니, 충주 지역의 단풍 소식에 귀 기울여 출발하면 된다. 충주와 문경의 경계에 위치한 곳으로 충주 방향이 접근성이 좋다. 충주 방향의 시작점이 미륵대원지다. 느린 걸음으로 왕복 1시간 30분에서 2시간 정도 소요되는 숲길이고, 연중 단풍 시즌에 가야 가장 아름답다.

부러 만든 우리나라 최초의 '국가에서 개통한 고
갯길'이다. 지금에야 걸으며 산책하기 좋은 평탄
한 오솔길이지만, 당시 기준으로는 고속도로에
가까운 길이라 할 수 있다. 미래를 사는 미륵보
살의 세계로 불리는 '미륵리'의 충청북도 충주와
현재를 사는 관세음보살의 세계로 불리는 '관음
리'의 경상북도 문경을 잇는 길이기도 하다. 걸
을 때마다 느끼지만, 흙과 나무 냄새에 이끼 향까
지 더해져 자연만이 낼 수 있는 특별한 정취를 준
다. 오늘 나는 혼자 찾아왔지만, 사랑하는 사람과
두 손을 꼭 잡고 천 년의 사랑을 고백하며 걸으면
좋을 천 년의 숲길이다. 특히 가을이 되면 단풍잎
이 흐드러져 장관을 이룬다. 그런데도 다른 단풍

INFO
예약 여부 없음 **운영 기간** 없음 **운영 시간**
없음 **입장 마감** 없음 **주차** 충청북도 충주
시 수안보면 미륵리 203 **주소** 충청북도
충주시 수안보면 미륵리 82

명소보다 덜 알려져 한적하게 단풍을 볼 수 있다는 메리트까지 있다. 오랜만에 찾은, 가장 좋아하는 길을 맘껏 걸으며 고즈넉한 숲길에서 잠시 숨을 내쉬어본다.

하늘재는 '미륵대원지'라는 사찰에서 시작된다. 천 년 사찰로도 불리는 이곳은 수많은 전설을 지닌 곳이다. 고려시대 초기의 절터라는 것밖에는 아직 밝혀진 것이 없어 정확한 창건 연대나 내력, 사원의 정확한 명칭은 알 수 없다. 석불입상과 석탑, 당간지주 등이 남아 있는데, 복원 공사가 한창인 구역도 있다. 아득히 먼 옛날에는 이곳이 어떤 모습이었고, 누가 어떤 소원을 빌었을까 어슴푸레 상상하며 몇 걸음 더 옮기면 '하늘재'라고 적힌 표지석이 나온다. 여기부터 약 2km 구간의 비교적 평탄한 산책길이 펼쳐지는데, 해발 400m에서 시작해 520m를 넘는 이 고갯길이 바로 하늘재다. 느긋한 걸음으로 1시간 정도 소요된다. 참고로 이 길의 끝에 나오는 아스팔트 길은 문경으로 이어지는 경계로, 바로 그 길 우측 계단 위에 하늘과 맞닿아 있는 '하늘재 기념비'가 세워져 있다. 인증사진의 성지인 그곳을 오늘도 목표로, 하늘로 향하는 한적한 숲길에 본격적으로 오른다.

하늘재는 원래부터 중요한 곳이었다. 한강과 낙동강 사이의 백두대간을 넘는 요충지로 우리

나라 역사에서 늘 중요한 포인트가 됐다. 누군가는 이곳을 차지하기 위해 싸워야 했고, 누군가는 나라를 잃은 절망을 가슴에 담은 채 지나야 했다. 맑기만 한 새소리와 바람 소리, 청량한 잎새 소리와 다르게 치열한 열망과 눈물을 품은 길이다. 그중 가장 유명한 이야기를 몇 가지 해보자면, 제일 먼저 고구려의 온달 장군과 연개소문 장군에 대한 이야기가 있다.

온달 장군은 신라에게서 이곳을 되찾아 오기 위해 목숨을 걸었다. 이곳을 포함해 빼앗긴 땅을 다시 찾아오기 전에는 돌아오지 않겠다고 맹세한 후 출전했다가 전사했다. 김부식의 《삼국사기》에는 그가 전사한 후 장사를 지내려 하는데 관이 움직이지 않았고, 평강공주가 관을 어루만지며 "죽고 사는 것이 이미 결정됐으니, 돌아가소서!"라고 말한 후에야 관을 들어 묻을 수 있었다고 적혀 있다. 끝끝내 이곳을 되찾지 못한 온달 장군의 처절한 비통함이 느껴지는 슬픈 이야기

PLUS

· **악어봉** 국내에서 가장 아름다운 호수 뷰를 만날 수 있는 곳이다. 정상에 서면 호수가 한눈에 들어오는데, 여기서 바라보는 호수 풍경이 악어 떼가 물속으로 들어가는 모습과 닮았다 해서 '악어봉'이라고 부른다. '게으른악어'라는 카페 근처에 등산로 입구가 있는데, 그곳에서 40분 정도 등산을 하면 악어봉 정상에 설 수 있다. 경사가 있는 편이라 마음먹고 올라야 한다.

· **문경새재** 문경새재 옛길도 가을 단풍이 아름답고, 길이 평탄해 걷기 좋아 가을 여행지로 추천할 만하다. 입구에서 조령 제2관문까지가 편도 3km 거리로 부담 없이 걷기에 딱 좋고, 조령 제3관문까지는 여기서 3km를 더 가야 하기에 조금 부담스러운 거리다. 걷기에 자신이 있다면 제3관문까지 걸어도 좋다.

다. 이후 연개소문이 집권한 후에도 삼국 간, 그리고 당과의 외교와 전쟁에 적지 않은 영향을 줬다. 백제에 대항하기 위해 고구려를 찾아와 도움을 요청한 신라의 김춘추에게 이곳을 포함해 땅 (온달이 되찾으려고 했던 땅들과 일치한다는 견해가 대부분이다)을 돌려준다면 군사를 지원하겠다는 조건을 달았는데, 김춘추가 이를 거절하고 가까스로 탈출하면서 역사는 새로운 국면을 맞았다는 이야기다.

그런가 하면, 누군가에게는 비통함과 절망의 길이기도 했다. 신라의 마의태자와 덕주공주는 망국의 한을 가슴에 품고 이 길을 넘어야 했다. 이때 서로 바라볼 수 있도록 마의태자는 북쪽을 바라보는 석굴과 석불을 이곳에 세우고, 덕주공주는 월악산에 덕주사를 지어 남쪽을 바라보는 마애불을 만들었다고 전해진다. 이외에도 고려 공민왕이 홍건적의 난으로 몽진할 때 이곳을 지났다는 유명한 이야기도 있다.

———

1,000년이 넘는 오랜 시간 동안 수많은 사람들이 걸었을 테고, 그 위로 새겨진 수많은 역사의 이야기가 깃들어 있는 길. 그 길 위에 나의 흔적과 나의 이야기를 보태며 조용한 숲에 울리는 발

소리에 집중해 천천히 걸어본다. 시간이 많이 흘러 바람에 모두 날아갔을 테지만, 지금 이 길 위에 그때 그 사람들의 발자국이 아직까지 선명히 남아 있는 것처럼 느껴진다. 보이지 않는 그들의 발자국 위에 지금을 걷고 있는 내 발자국을 겹치듯 걸으며 숲의 공기를 폐 깊숙이 들이마셔본다. 곧 인증사진의 성지인 하늘재 기념비가 나올 것이다. 누군가는 투지로, 누군가는 눈물로 넘었을 하늘 가까운 곳으로 나만의 속도로 걸어 올라간다. 점점 손 내밀면 잡힐 것 같은 구름이 가까워져온다.

옛사람들이 남기고 간 발자국을 따라 역사의 흔적을 느끼며 하늘을 향해 걷는 길. 길게 줄지어 선 은행나무 가로수길 사이로 황금빛 은행 비가 내리는 길. 만추의 단풍이 깃든 한적하고 아름다운 숲속 오솔길.

이 모두가 가을 하늘재를 걸으면 만나게 되는 잊지 못할 감동이다.

황금빛 은행 비가 내리는

은행나무 가로수길을 지나 만추의 단풍이 깃든

한적하고 아름다운 숲속 오솔길을 걷는다.

옛사람들의 흔적을 따라

하늘을 향해 걷는 천 년 숲길 '하늘재'다.

신이 조화라도 부린 듯
안개의 시간 속 마법 같은 풍경을
겁도 없이 목격하다.

남 한 강 일 출 과 비 내 섬

가을, 겨울
일출 전후~오전

애석하게도 사람들의 관심을 받지 못하는 여행지가 많다. 외국의 어느 유명 여행지와 견주어도 절대 뒤지지 않을 비경인데도, 그런 곳이 있다는 사실조차 잘 알려지지 않아 외면당하는 곳들이다. 우리나라의 여행지를 소개하는 일을 업으로 삼는 나로서는 가끔 그 사실이 아플 정도로 슬프다. 물론 누구에게 보이기 위해 피어낸 자태는 아닐지라도 웬만한 유명 여행지가 받는 사랑과 애정의 반의 반만이라도 받았으면 좋겠다. 그중 한 곳이 바로 충주의 남한강이다.

충주 사람에게 남한강은 아주 당연한 존재다. 태어나고 자랐을 때부터 늘 듣던 지명이고, 다니던 학교는 물론, 동네 음식점 이름에서까지 아주 쉽게 '남한강'이라는 이름을 찾아볼 수 있다. 그러나 정작 실제로 남한강에 가본 적이 있냐고 물으면 어쩐지 대답이 애매하다. 서울 사람들이 휴식을 취하러 한강에 자주 가는 것과는 대조적이다. 그래서인지 남한강의 아름다운 풍경을 역설하는 나에게 되레 그런 곳이 있었느냐고 놀라는 충주 사람들이 적지 않다. 유명한 여행지에 가린 비운의 비경, 조금 우스갯소리를 하자면 충주댐에 가린 비운의 여행지 남한강의 아름다움을 알리고자 나름의 사명감을 가지고 오랜만에 충주를 다시 찾았다.

자연의 신비와 아름다움을 그대로 보존한 남한강은 사실 언제 찾아도 좋은 곳이지만, 안개가 충분히 낀 날에 찾으면 남한강이 숨겨온 몽환의 신비를 제대로 목격할 수 있어 더욱 아름답다. 그래, 목격이다. 뿌옇게 번진 금색 강 위로 상고대와 물안개가 가득 낀 일출의 모습은 '감상'이나 '구경'할 정도의 것이 아닌, 목격했다고 표현할 만한 것들이다. 인간이 잘 오지 않는 틈에 신이 조화라도 부린 듯한 자연의 아름다움을 겁도 없이 목격한 듯한 느낌

이다. 이번에도 이 비경을 목격할 수 있기를 간절히 바라며 출발하기 전날부터 안개가 많이 끼길 기도했다. 새벽에 운전하며 오는 동안에도 "제발 안개가 많이 끼게 해주세요"라며 절절히 기도한 덕분인지 다행히 안개는 충분하다. 아니, 충분을 넘어 끼어도 너무 끼어버렸다고 할 정도다. 만만치 않은 안개에 나도 모르게 입꼬리가 올라간다. 분명히 오늘의 여행도 성공이다.

완벽한 남한강 여행의 조건을 더 자세하게 설명하자면, 밤낮 기온차가 15℃ 내외로 커야 하고, 아침 습도는 80% 이상이어야 한다. 그래야 도로에 안개가 자욱할 정도로 깔리는 정도가 된다. 그리고 여기에 시간은 이른 새벽이어야 한다. 이른 아침의 신비하고 황홀한 물안개와 그 위로 펼쳐지는 마술 같은 일출을 보기 위해서는 반드시 지켜야 할 조건들이다. 그 조건들을 하나하나 완벽하게 클리어한 스스로를 다시 한번 치켜세우며 오늘 여행의 첫 번째 목적지 '남한강 철새관찰소'라는 작은 전망대 앞에 차를 세운다. 차에서 내려 강 쪽으로 다가서는 순간, 물안개를 가득 피우며 찬란한 금빛을 내뿜는 강의 모습이 나타난다. 시선을 압도하는 광경이다. 강 위를 온통 뿌옇게 뒤덮은 물안개가 춤을 추듯 떠다니고, 그 사이로 마주 보이는 여우섬에 뿌리를 내린 나무들의 실루엣이 나타났다가 또 금세 사라지기를 반복한다. 마치 신선도 같은 풍경이라고나 할까? 그림 같기는 한데 신선이 도술을 부려 움직이게 만든 그림 같다. 그만큼 신비롭고 아름다움을 뽐내는 가슴 벅찬 풍경이다. 다시 봐도 할 말을 잃게 만드는 극강의 아름다움에 미처 벌어진 입을 다물기도 전, 기가 막힌 타이밍으로 해가 떠오른다. 일출이다.

어디에서 보든 감동적인 것이 일출이라지만, 안개가 자욱한

남한강에서 '목격'한 일출은 눈이 타오를 만큼 한층 더 강렬했다. 어두운 새벽부터 길을 나섰던 노곤함과 피로가 언제 그랬냐는 듯 홀가분하게 씻겨나간다. 기대도 하지 않았던, 미래를 향한 당찬 포부와 용기까지 덤으로 받는 기분이다. 머릿속에서 이후의 일정을 잠시 지우고 충분하다고 느껴질 때까지 눈앞의 비경을 보고 또 본다. 그렇게 만족할 만큼 남한강의 태양 빛을 받고 나서야 천천히 다음 장소로 발길을 돌린다. 돌아선 후에도 여전히 머릿속에는 일출의 잔상뿐이다.

남한강에서 피어오른 안개가 강변을 따라 나 있는 도로까지 제법 운치 있게 내려앉았다. 그 안개 속을 달리는 기분도 왠지 모를 묘한 흥분감에 젖게 만든다. 일출을 보았던 장소에서 제법 가까운 곳에 남한강의 또 다른 비경이 숨겨져 있다. 바로 비내섬이다. 그림 같은 풍경을 간직한 고요하고 아름다운 섬이다. '복여울교'라고 적힌 큰 바위가 있는 곳이 비내섬 여행의 시작점이다. 여기서부터 비내섬 둘레길로 향하는 길이 시작된다. 강변을 따라 이어진 둘레길은 아직도 안개로 가득하다. 한 치 앞도 보이지 않는 안개 때문에 휴대폰으로 지도를 보며 하나하나 길을 찾아야 하는 여행이 귀찮을 만한데도 오히려 즐겁고 설렌다. 〈인디아나 존스〉영화가 흐릿하게 떠오르면서 오랜만에 '진짜 여행'을 하는 것 같은 기분에 가슴속 깊은 곳에서 솟아오르는 흥분을 감출 방법이 없다. 그렇게 몇 분을 걸었을 무렵 비내섬으로 건너가는 다리를 찾아낸다. 오래된 다리가 안개 속으로 빨려 들어가는 모습을 보며 오랜만에 만나는 비내섬에 반갑게 인사를 던진다. 다리를 건너자 물억새와 갈대, 버드나무 군락의 조화가 그림처럼 펼쳐진다. 안개가 더해진 그 풍경은 말로는 형용하기 힘들 만큼 황홀한 습지의 비경이다. 마치 세렝게티 초원을 걷는 듯한 초자연적인 아름다움

에 마음과 몸이 모두 정화되는 듯한 착각까지 든다. 그 몽환적인 습지 속을 헤매듯 걷다 보니 어느새 안개는 사라지고 청명한 아침이 찾아온다. 이 아름다움을 더 선명하게 볼 수 있는 시간이다. 일찍 일어난 새가 벌레를 잡는다 했던가. 벌레까지는 모르겠지만, 일찍 움직인 덕분에 자연으로부터 큰 선물을 받은 것임에는 틀림이 없다. 안개 속의 몽환적인 비내섬도 만나고, 아침 빛의 색감이 주는 청명하고 아름다운 비내섬도 동시에 보았으니 말이다.

　물억새와 갈대가 춤을 추는 초원 위로 군락을 이루는 버드나무 풍경. 여기에 이따금 길 잃은 고라니가 뛰어다니는 모습이라도 더해지면, 세렝게티 초원을 연상케 한다. 얼핏 보면 그냥 평범한 하중도일지 몰라도 이른 아침 습지를 걸어본다면 분명 잊지 못할 큰 감동을 느낄 수 있다. 그곳엔 안개가 머물고 때 묻지 않은 자연이 머문다.

POINT

남한강 일출과 비내섬은 사계절 언제 가도 좋지만 굳이 딱 한 계절만 꼽는다면 가을이 좋을 것 같다. 기온도 적당하고, 물억새와 갈대숲도 한창인 비내섬의 가을 풍경이 가장 아름답기 때문이다. 겨울 설경과 상고대도 무척 아름답지만 눈이 오지 않은 비내섬은 너무 앙상할 것만 같다. 비내섬은 직선 길이가 2km 이르는 섬으로 섬 둘레길을 한 바퀴 도는 데 1시간에서 1시간 30분 정도 소요된다. 비내섬 주차장이 두 곳인데, 물안개가 피는 날은 복여울교 쪽으로 시작점을 잡는 것이 좋다. 다리를 건너면서 시작되는 안개 속의 비내섬 풍경이 압권이다. 남한강 물안개와 일출을 만나는 포인트는 차에서 내리면 바로 만날 수 있지만, 물안개가 없으면 실망할 수도 있다. 꼭 물안개가 있는 날에 찾아가는 걸 추천한다. 밤낮 기온차가 15℃ 내외이고, 아침 습도는 80% 이상인 날 일출 시간 전후라면 물안개를 만날 확률이 아주 높다.

INFO

예약 여부 없음 **운영 기간** 없음 **운영 시간** 없음 **입장 마감** 없음 **주차** <u>남한강 철새관찰소</u> 충청북도 충주시 소태면 양촌리 산 87-1 <u>비내섬 메인 주차장</u> 충청북도 충주시 앙성면 조천리 296 <u>비내섬 복여울교 주차장</u> 충청북도 충주시 앙성면 조천리 29-7 **주소** <u>남한강 철새관찰소</u> 충청북도 충주시 소태면 양촌리 산87-1 <u>비내섬</u> 충청북도 충주시 앙성면 조천리 204-2

PLUS

- **장미산성** 산성이 위치한 해발 300m까지 차로 오를 수 있는데, 일출 전에 산성 초입에 오르면 남한강을 한눈에 내려다보며 아름다운 운해와 산중 일출을 만날 수 있다. 어느 겨울 새벽 눈이 쌓여 산 아래 차를 세워두고 도로를 따라 걸어서 오른 적이 있는데, 아무도 찾지 않은 이른 새벽 눈을 밟으며 30분 정도 걸은 그 길이 아직도 기억에 생생할 정도로 인상적이었다. 눈 내리는 겨울 아침 걸어서 올라가도 무척 낭만적이고 이름답다.

- **악어봉** 국내에서 가장 아름다운 호수 뷰를 만날 수 있는 곳이다. 정상에 서면 호수가 한눈에 들어오는데, 여기서 바라보는 호수 풍경이 악어 떼가 물속으로 들어가는 모습과 닮았다 해서 '악어봉'이라고 부른다. '게으른악어'라는 카페 근처에 등산로 입구가 있는데, 거기서 40분 정도 등산을 하면 악어봉 정상에 설 수 있다. 경사도가 있는 편이라 마음먹고 올라야 한다.

- **충주 탑평리 칠층석탑(국보)** 통일신라시대의 석탑으로는 규모가 가장 큰 탑으로 그 가치가 널리 알려져 있다. 지리적으로 우리나라의 중앙에 있다고 해서 중앙탑이라고도 불린다. 흔히 충주를 중원의 도시라고 일컫는데, 중원을 찾았으니 중앙탑도 꼭 들러보는 것이 의미 있겠다. 중앙탑 주변으로는 막국수와 치킨을 조합해 파는 식당이 많은데, 한 번쯤 먹어볼 만한 이곳의 명물 음식이다. '중앙탑메밀마당(043-855-0283)'과 '중앙탑막국수(T.043-846-5508)'가 유명하다.

이른 새벽 차디찬 기운이 잔잔한 강물 위로 내려앉아
신비로운 아침 안개를 가득 피워내며
마치 신선도 같은 감동적인 풍경을 선사해준다.
안개 속의 마법 같은 비경
'남한강 일출과 비내섬'을 만나는 시간이다.

어느 날 신이 내려와
아무도 모르게 가꿔놓은
설경의 극치에서 겨울을 노래하다.

죽기 전

대
둔
산
설
경

겨울

오전 *눈이 내리는 날 또는 눈이 내린 직후 1~3일 이내

산이라는 건 언제 올라도 늘 내려올 때 아쉬워진다지만, 그중에서도 특히 겨울 산이 더욱 그렇다. 하얀 눈이 깨끗하게 덮인 광경이 사람을 매료한다. 늘 푸른 생명력으로 맥동하던 산이 차가운 고요함에 갇힌 모습이 이상할 정도로 묘하다. 쉴 새 없이 뿜어져 나오는 입김조차 풍경이 되는 산중 설경의 묘미다.

하지만 누구에게나 산중 설경의 묘미가 허락되는 것은 아니다. 눈이 많이 내린 직후에 그냥도 오르기 힘든 산을 올라야 한다. 충분할 정도로 눈이 많이 내린 날에는 그냥 걷는 것도 힘들고 차를 모는 것도 힘들다. 그런데 이런 날에 산까지 차를 몰아 이동한 다음, 만족할 만한 풍경을 볼 때까지 미끄러운 겨울 산을 타야 한다. 결코 쉽지 않다. 그러나 아무나 쉽게 만끽할 수 없는 비경이기에, 산중 설경이 더 가치가 있는 것이다. 그런 의미에서 대둔산은 조금 더 너그러운 산이라 할 수 있다.

대둔산은 산중 설경으로 유명한 산 중에서 가장 쉽게 접근해 최고로 아름다운 풍경을 감상할 수 있는 곳이다. 케이블카가 설치돼 힘들이지 않고 편하게 설경을 감상할 수 있는, 우리나라에서 몇 안 되는 곳이다. 마치 신이 가꾼 분재처럼 그 자체만으로도 절경인 곳을 비교적 힘들이지 않고 즐길 수 있다는 것이 가장 큰 매력이다.

엊그제 이곳에 많은 양의 눈이 내렸다는 이야기를 듣고 망설이지 않고 차를 몰았다. 산이 지닌 비경 중 최

INFO

예약 여부 없음 **운영 기간** 없음 **운영 시간** 케이블카 운행 시간 09:00~18:00(20분 간격 운행) **입장 마감** 매표 마감 시간은 종료 20분 전 **주차** 전라북도 완주군 운주면 산북리 611-34 **주소** 전라북도 완주군 운주면 대둔산공원길 55 **전화** 063-263-6621~2(대둔산케이블카)

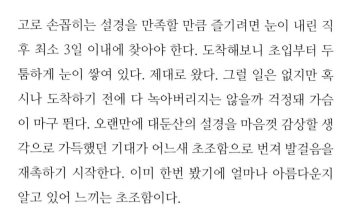

고로 손꼽히는 설경을 만족할 만큼 즐기려면 눈이 내린 직후 최소 3일 이내에 찾아야 한다. 도착해보니 초입부터 두툼하게 눈이 쌓여 있다. 제대로 왔다. 그럴 일은 없지만 혹시나 도착하기 전에 다 녹아버리지는 않을까 걱정돼 가슴이 마구 뛴다. 오랜만에 대둔산의 설경을 마음껏 감상할 생각으로 가득했던 기대가 어느새 초조함으로 번져 발걸음을 재촉하기 시작한다. 이미 한번 봤기에 얼마나 아름다운지 알고 있어 느끼는 초조함이다.

서둘러 케이블카로 향했다. 케이블카에 쌓인 눈을 보니 조금은 안심이 되는 듯한 기분이다. 케이블카에 몸을 싣고 문을 닫는 순간, 모든 세상이 암전된다. 한순간에 현실에서 고요의 나라로 세상이 바뀌어버렸다. 기이하게 생긴 바위들과 늙은 소나무 위로 가득 덮인 새하얀 눈. 온 세상을 뒤덮은 듯 고요하게 산을 덮은 새하얀 눈이 비로소 설경의 나라에 들어왔음을 실감케 한다. 기억하고 있었고, 또 상상했던 바로 그 풍경이다. 새하얀 경치를 넋 놓고 감상하다 보니 어느새 다리 하나가 모습을 내보이기 시작한다. 우리나라 3대 산중 현수교로 불렸던 금강 구름다리다. 가히 화룡점정이다. 깊은 산속의 낡고 오래된 다리가 흰 눈에 뒤덮인 광경이 그야말로 설경의 극치다. 그 극치 속을 걸으며 대둔산 정상으로 향한다.

아찔한 절벽에 매달린 삼선 계단 너머에 있는, 어쩌면 하늘에 닿을지도 모를 마천대(해발 878m) 위에 올라선다. 여행의 끝처럼 보이는 이 하늘 아래 정상에서 이제부터 본격적으로 하얀 겨울옷을 입고 잠이 든 겨울 산을 제대로 구

경한다. 심장이 미칠 것처럼 뛰기 시작한다. 이따금 몰려오는 구름 속에 숨었다가 다시 나타나는 봉우리들, 발아래 파노라마처럼 펼쳐지는 눈 덮인 새하얀 세상, 그 모두가 내 심장을 뛰게 만드는 멋진 풍경이다. 케이블카에서 내려 30분 남짓 정상까지 걸어 오르며 만났던 놀라운 설경은 대둔산을 호남의 금강이라 부르는 이유를 모두 알려주었다. 이 먼 길을 달려왔음에도 전혀 아깝지 않을 만큼 말이다.

POINT

종일 눈이 내린 직후 1~3일 이내 오전에 찾는 것이 좋다. 눈이 내린 직후 이른 오전에는 상고내가 곱게 피어 더욱 아름답다. 단, 상고대가 피기 위해서는 아침 기온이 매우 차야 한다. 겨울치고 비교적 따뜻한 아침에는 상고대도 없거니와 앞서 내린 눈도 금세 다 녹아버려 볼품없을지도 모른다. 케이블카 첫 운행 시간이 오전 9시라 그 시간에 맞춰 도착하면 된다. 케이블카에서 내려 30분 정도만 걸어 오르면 마천루까지 오를 수 있어 등산이라기보다는 여행에 가까운 가벼운 산행으로 대둔산의 빼어난 설경을 쉽게 만날 수 있다. 가벼운 산행이기는 하지만 아이젠은 꼭 챙겨야 할 준비물이다.

PLUS

완주 지역에는 안타깝게도 이름을 걸고 추천할 만한 겨울 여행지는 없다. 오성한옥마을과 대한민국술테마박물관 정도가 잠시 들러볼 만하고, 익산으로 빠져 미륵사지나 왕궁리 오층석탑을 연계해 보는 것도 좋다. 전주로 빠져 전주한옥마을을 연계해서 여행 코스를 짜보는 것도 좋을 듯하다.

아름다운 겨울 설산의 풍경은 누구에게나 동경의 대상이다.

하지만 추운 겨울 억척같이 높은 산을 올라야 하는

수고스러움을 감수해야 한다.

그런 수고스러움을 생략하고

산중 설경의 극치를 만날 수 있는 설산이 있다.

바로 호남의 금강이라 불리는 전라북도 완주의 '대둔산'이다.

누구나 버킷 리스트로 꼽지만,

아무나 볼 수 없다.

죽기전

한
라
산
설
경

겨울
AM 07:00 이전

평소의 마음가짐으로 찾았지만, 역시 그것만으로는 오를 수 없다. 어떤 코스를 선택하느냐에 따라 난이도는 달라지겠지만, 아무리 쉬운 코스라 하더라도 결코 쉽지 않은 산이다. 단순히 꼭대기에 올랐다고 해서 정상에 올랐다고 표현할 수 있는 산이 아니다. 수백 번, 수천 번은 내 안의 마음을 비우고 용기를 거듭해야 비로소 이 산의 '진정한' 정상에 오를 수 있다. 바로 한라산이다.

한라산은 언제 가도 최고지만, 겨울 한라산이 진짜배기다. 오르는 내내 진짜 할 수 있겠냐며 도발을 멈추지 않다가 어느 순간 새하얀 눈으로 뒤덮인 능선과 그림 같은 설경을 보상으로 선물한다. 구름 위로 올라서서 내려다보는 하얀 풍경은 마치 꿈이라도 꾸는 기분까지 들게 한다. 히말라야산맥의 어느 고봉을 연상케 하는 이색적이고 환상적인 경치다. 그 모습에 흠뻑 빠져 있다 보면, 그때까지 느꼈던 수많은 감정이 어느 틈에 입김이 되어 사라져버린다. 이래서 이 산을 대한민국

에서 가장 아름답고 가장 높은 산이라 부르나 보다. 대한민국 국민이라면 누구나 버킷 리스트로 꼽지만, 선뜻 가보지는 못하는 산. 겨울이야말로 그런 한라산의 진면목이 드러나는 계절이다.

여러 코스가 있지만, 오늘은 그중 해발 750m에서 등반을 시작해 한라산 정상(해발 1,950m)까지 오르는 성판악 코스를 골랐다. 한라산 탐방객이 가장 많이 이용하는 코스. 성판악 탐방안내소에서 시작해 사라오름 입구와 진달래밭대피소를 거쳐 백록담까지 도착하는 편도 9.6km 거리의 약 4시간 30분

INFO ────────

예약 여부 탐방 예약 필수(visithalla.jeju.go.kr) **운영 기간** 매일(기상특보 발령 시, 적설량으로 등산로가 막혔을 때 입산 제한) **운영 시간** 동절기 기준 탐방로 입구 05:00 입산, 진달래밭통제소 11:30 이내 통과, 동능 정상 13:30 하산 마감 ※ 운영 시간은 변동될 수 있음 **입장 마감** 동절기 기준 탐방로 입구 11:30, 진달래밭통제소 11:30 **주차** 제주도 서귀포시 남원읍 신례리 산2-28 **주소** 제주도 서귀포시 남원읍 신례리 산2-28 **전화** 064-713-9953

짜리 코스다. 물론 편도 4시간 30분 거리가 쉬운 거리는 아니지만, 온통 눈으로 덮인 새하얀 한라산을 구경하며 걸으면 나름 걸을 만하다. 일부러 빨리 걸을 필요도, 그렇다고 세월아 네월아 천천히 걸을 필요도 없다. 적당한 속도로 주변의 산중 설경을 충분히 눈에 담으며 걸으면 된다. 하산 마감 시간이 오후 1시 30분이고, 이곳의 명소인 진달래밭대피소의 통행 제한 시간이 오전 11시 30분인 것을 감안하면 대략 아침 7시 이전에는 산행을 시작해야 한다. 그렇게 해야 여유롭게 한라산의 설경을 즐길 수 있다. 이른 시간부터 움직인 노력이 조금은 빛을 발하는 것일까, 시간이 오전으로 넘어가는데도 아직까지 설익은 아침 공기가 잔뜩 남아 기분을 돋운다. 굳이 깊게 숨을 들이마시지 않아도 아침의 청량함에 온몸이 상쾌해진다.

산행을 시작한 지 3시간 정도 지나니 그 유명한 진달래밭 대피소가 나온다. 한라산 등반의 특별한 묘미가 서려 있는 곳이다. 10여 년 전까지만 해도 여기서 팔던 컵라면을 먹으며 추운 겨울날 지친 몸을 잠시 기대던, 한라산 여행자들의 보석 같은 휴식처이자 베이스캠프 같은 곳이었다. 이제는 컵라면을 팔지 않지만 그때 그 시절의 추억을 아는 이들은 직접 컵라면과 뜨거운 물을 준비해 와 먹으며 전통을 이어가고 있다. 모든 것들이 흰색으로 덧칠된 순백의 겨울 설원 위에서 하얀 입김을 내뱉어가며 맛보는 뜨끈한 컵라면 한 그릇은 어느 한정식집의 궁중 요리보다 맛있다. 나 역시 그냥 지나칠 순 없다. 모락모락 김을 내는 컵라면으로 배를 채우며 지금 오르고 있는 이 산에 대해 천천히 생각해본다. 평소에는 별로 관심도 주지 않고 무시만 했던 이 작은 컵라면 하나까지 세상에서 가장 귀한 음식으로 만들어버리다니, 과연 명산 중의 명산이다. 이대로 눈밭에 누워 눈에 파묻혀 한숨 자고 싶은 것을 간신히 참으며 자리를 털고 일어난다. 여기서부터 1시간 정도 더 올라가면 마침내 정상이다.

조금 더 걸으니 울창하던 숲이 서서히 걷히고 거침없이 사방이 트인 진정한 설원의 풍경이 펼쳐지기 시작한다. 하늘과 경계를 이루는 둥근 곡선 같은 능선이 마치 하늘로 이르는 길같이 높고도 길게 이어지고, 발아래로는 구름바다가 펼쳐져 있다. 흰 산, 흰 구름, 푸른 하늘. 오직 3개의 경계만으로 이루어진 공간 속에서 세찬 바람이 불어 쌓였던 눈발이 휘날린다. 그 위로 길게 이어진 산행자들의 행렬이 히말라야 고산을 오르는 순례자들의 모습을 연상케 한다. 나 역시 그들처럼 순례

자의 마음으로 한 걸음 한 걸음 나아가는 중이다.

진달래밭대피소를 출발할 때만 해도 1시간 정도로 예상했는데 너무 주변을 감상하며 걸었나 보다. 30분은 더 걸려 정상에 도착했다. 드디어 백록담이다. 여느 계절에 찾아도 신비한 아름다움으로 두 눈을 홀리는 곳이지만, 눈 내린 설경의 백록담은 그보다 조금 더 특별한 오라를 지니고 있다. 아름답고 예쁜 것은 당연하고, 보자마자 어디선가 애국가가 울려 퍼지는 듯한 거룩함까지 느껴진다. 살면서 이만한 아름다움을 또 볼 수 있을까 울컥해질 정도로 밀려오는 진한 감동은 덤이다.

아쉽게도 이 정상에서는 오래 머물 수 없다. 여타 산들과는 달리 안전을 위해 오후 1시 30분으로 설정된 하산 마감 시간 때문이다. 너무 여유를 부리며 올라왔던 탓에 하산 마감 시간이 얼마 남지 않았다. 왠지 모르게 볼 때마다 가슴이 뭉클해지는 여운이 감도는 백록담을 뒤로하고 서둘러 하산을 시작한다.

내려올 때는 관음사 코스를 선택했다. 올라올 때와 다른 코스를 선택해야 또 다른 풍경을 즐길 수 있기 때문이다. 울창하게 늘어선 삼나무 군락지의 은빛 상고대 풍경을 차분히 감

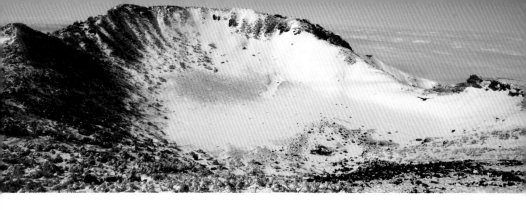

상하며 여유 있게 하산한다. 이제 여행의 막바지다. 만약 차를 성판악에 주차했다면 관음사에서 콜택시를 이용해 성판악으로 돌아가면 된다. 택시비가 1만 5,000원 정도 나오는데, 온종일 즐겼던 설경을 생각하면 그다지 아깝지 않은 금액이라 생각돼 자주 이용하는 방법이다. 다리는 조금 후들거릴지라도 마음은 아주 단단해지고 깨끗해진 여행이었다. 언젠가 구름바다가 펼쳐지는 순백의 설산과 그 위에 걸터앉아 먹던 꿀맛 같은 컵라면이 그리워질 즈음 다시 찾게 될 한라산을 기약하며 새하얀 설경을 가슴에 품고 여행을 마무리한다.

POINT

한라산 백록담까지 오르는 코스는 성판악 코스와 관음사 코스가 있다. 그중 성판악탐방안내소(해발 750m)를 출발해 정상(해발 1,950m)까지 오르는 성판악 코스는 대체적으로 완만한 경사를 이루고 있어 관음사 코스보다 한결 쉬운 코스다. 비교적 어렵지 않은 코스이기는 하나 왕복 20km에 가까운 긴 거리를 걸어야 하기 때문에 체력 안배에 각별히 신경 써야 하고, 먹거리와 물을 충분히 준비해야 한다. 그리고 겨울 설산을 걸어야 하니 아이젠은 필수다. 구간별 통과 제한 시간과 하산 마감 시간이 있어 조금은 여유 있게 한라산을 즐기려면 오전 6~7시에 산행을 시작하는 것이 좋다. 산행 시작은 성판악 코스로 잡고, 하산은 관음사 코스로 잡으면 각기 다른 설경을 만날 수 있다. 한라산 정상 등반은 탐방 예약제로 운영되어 출발 전 홈페이지를 통해 반드시 사전 예약해야 한다. 등반 예정일 전월 1일부터 예약이 시작된다. 한라산 정상 반경 1km 이내에서 GPS를 켜고 사진 촬영을 한 후 visithalla.jeju.go.kr에 접속해 등정 인증을 접수하고 출력 번호를 받으면 하산 후 탐방안내소에서 '한라산 등정 인증서'를 발급받을 수 있다. 발급 수수료는 1,000원이다.

PLUS

제주는 워낙 좋은 여행지가 많은 곳이라 추천할 만한 장소도 너무 많다. 그중 겨울에 가도 좋을 장소를 몇 곳만 꼽자면, 오름으로는 용눈이오름, 다랑쉬오름, 새별오름, 말미오름이 좋다. 특히 말미오름의 일출은 오름 일출 중 원톱이다. 섬 속의 섬을 만나는 제주의 섬은 우도, 마라도, 차귀도가 기억에 남고, 겨울 숲길은 사려니숲길이 가장 인상적이다.

대한민국 국민이라면 누구나 버킷 리스트로 꼽는 산이 있다.
늘 마음속에는 있지만 선뜻 가보지는 못하는 '한라산'이다.
그 한라산의 진면목이 드러나는
제일의 계절은 바로 겨울이다.

흰 산, 흰 구름, 푸른 하늘, 오직 3개의 경계만으로
이루어진 공간 속 순례자의 마음으로
그 경계를 가로질러 백록담 앞에 서는 감동.
순백의 눈을 입은 겨울 한라산은 그런 특별함이 머무는 곳이다.

날이 밝아오면 금세 사라지는
내 인생에서 잊지 못할 감동이
이곳에 있다.

죽기 전

소
백
산
설
경

겨울
AM 05:00 ^{*많은 눈이 내린 후 3일 이내}

가장 인상 깊었던 여행지를 몇 군데 꼽으라면 가장 먼저 생각
나는 곳이 있다. 장소라기보다는 '그때 그곳'처럼 시공간에 가
까운 곳이다. 바로 눈이 많이 내린 다음 날, 이른 새벽 동이 트
기 시작할 때의 소백산이다.

소백산은 많은 여행자가 찾는 명산 중 하나다. 하지만 대
부분이 '누구나 아는 소백산'만 보고 돌아선다. 사람들에게 잘
알려지지 않은 소백산의 낯설지만 황홀한 모습은 아직 해가
뜨지 않은 아주 이른 시간에 모습을 드러낸다. 특히 눈이 많이
내린 직후의 새벽이라면, 가슴을 가득 채우는 뭉클한 감동에
콧날이 시큰해지는 경험을 하게 될 것이다.

이런 감동을 경험하기 위해서는 눈이 많이 내린 후 3일 이내 혹은 늦어도 5일 이내에 소백산을 찾아야 한다. 그래야 최고의 설산 풍경을 볼 수 있다. 이곳저곳에서 눈이 많이 내린다는 소식을 듣고 차츰 소백산의 설경이 생각날 무렵, 운 좋게도 일기예보에서 가장 좋은 적기를 찾을 수 있었다. 눈이 그친 후 3일이 지날 때까지 참을성 있게 기다렸다가 미리 준비해놓은 백팩 하나만 챙겨 소백산으로 차를 몰았다. 소백산 설경 여행은 새벽 산행이 포인트다. 달빛만 의지해 아무도 없는 설산을 오르는 길은 분명 쉽지 않지만, 그 앞에 기다리고 있는 꿈같은 비경을 생각하면 시도하지 못할 것도 아니다. 곧 연화봉에 도착해 맞이할 일출을 생각하며 조심스레 산행에 올랐다.

———

　아무도 밟지 않은 눈덮인 설산의 능선은 어둠에도 눈에 선명하게 박힌다. 뽀드득 소리 하나에도 여행이 가득 채워지는 듯한 기분이다. 곧 특별한 겨울 설산의 비경을 볼 생각에 추운 줄도 모르고 콧노래까지 부르는 내 모습이 스스로도 어이가 없다. 내가 가장 좋아하는 코스는 희방사에서 시작해 상고대 터널과 연화봉을 거쳐 비로봉으로 도착하는 코스다. 해가 뜨지 않아 어둡기 때문에 손전등을 반드시 챙겨야 한다. 늦어도 새벽 5시 이전에는 산행을 시작해야 이번 여행의 목적을 완벽하게 완수할 수 있다. 희방사에서 출발한 지 1시간이 조금 지났을까, 콧노래가 차츰 사그라들 때쯤 겨울 소백산의 진면목이라 불리는 상고대 터널에 다다랐다. 무심코 올려다본 하늘에 별들이 바다를 이룬다. 어둠 속에서도 빛나는 상고대 가지 사이로 반짝이는 별들이 드리운 모습이 마치 크리스마스트리

를 연상시킨다. "와!" 하는 탄성이 절로 나올 만큼 눈부시게 아름답다. 낮에는 만날 수 없는, 오직 이 시간에만 만날 수 있는 특별한 선물이다. 날이 밝아오면 금세 사라지는 아주 짧은 찰나의 아름다움이라 그런지 더욱 황홀하게 느껴진다. 조금이라도 더 눈에 담아두기 위해 한참을 말없이 바라보다 다시 길을 재촉한다. 아쉽지만 7시 전에는 연화봉에 도착해야 일출을 볼 수 있다.

검푸른 새벽빛으로 물든 능선 길을 따라 올라 아슬아슬하게 일출 시간 직전에 딱 맞춰 도착한 연화봉(1,376m)은 이제 막 밝아지려던 참이었다. 새벽 여명을 서서히 걷어내며 조금씩 얼굴을 보이기 시작한 태양이 슬슬 기지개를 펴고 일출이라는 극강의 경이로운 활동을 시작하려는 모양새다. 비로소 겨울에만 볼 수 있는 소백산의 진짜 아름다움이 시작되는 순간이다. 대부분의 사람들이 보지 못하는 귀한 아름다움이다. 굽이치는 산하를 물

들이는 붉은 태양이 서서히 고개를 내밀며 빛을 내뿜는 모습이 마음을 강하게 자극한다. 이 황홀한 산중 일출이 감동스럽고, 포기하지 않고 다시 움트기 시작하는 생명의 존귀가 감동스럽다.

해가 완연하게 다 뜨고 나서야 여명에 비쳤던 지난 그림자를 뒤로하고 비로봉(1,439m)으로 향한다. 뜨겁게 달아올랐던 감동이 아무도 밟지 않은 설산의 능선에 차분히 내려앉는다. 고요한 눈 속에 격해졌던 감정을 밀어 넣는다. 뜨겁게 달군 무딘 칼을 차가운 눈 속에 담금질한 것처럼 마음이 조금은 더 단단해진 듯한 느낌이다. 차오르는 생각을 뒤로하고 다시 소복이 쌓인 눈으로 돌아와 연화봉에서 비로봉까지 이어지는 주 능선을 따라 걷기 시작한다. 이 시간의 능선 길은 새벽녘 나무에 내려앉은 상고대로 가득해 마치 겨울 설화가 가득한 화원을 따라 걷는 것 같다. 따가운 햇살에 노출되면 금세 녹아 없어지고 마는 마법 같은 이 설화는 오직 이 시간에만 만날 수 있다. 비로봉에 갔다가 돌아오는 길에는 모두 사라지고 없을 거라는 걸 잘 알기에 눈과 마음속에 꾹꾹 담아가며 걷는다.

오르락내리락 몇 번을 반복했을까? 터널처럼 이어지던 하얀 설화들은 모두 걷히고 탁 트인 초원이 펼쳐진다. 그 위로 비로봉을 향해 있는 긴 탐방로가 그림처럼 이어져 있다. 제법 긴 마지막 능선 구간이다. 고개를 넘는 세찬 바람이 분다. 그 바람을 타고 온 구름도 함께 고개를 넘는다. 이 구간을 지날 때마다 유독 바람이 세찬 걸 몇 번이나 느꼈다. 아마도 막힘없는 초원 구간인 탓일 거다. 그래서 언젠가 '바람고개'라는 별명을 내가 직접 지어주었다. 두 팔을 벌리고 바람과 마주 서본다. 귀가 시릴 정도로 찬 바람이 온몸을 밀어내듯 스쳐 지나간다. 몸도 마음

도 모두 깨끗하게 씻겨지는 느낌이다. '참 좋다!', '참 행복하다!' 소백산 바람고개는 내게 그런 의미가 있는 곳이다. 딱 5분간 바람을 마주하고 서서 행복을 느끼는 나만의 비밀스러운 장소다.

바람고개를 오르며 구름을 넘고 바람을 넘어 어느새 비로봉에 올랐다. 산 정상에 올라설 때마다 항상 가슴이 벅차오른다. 제일 높은 곳에 올랐다는 성취감 때문일까? 산을 오른다는 것은 오직 혼자서 해내야 하는 일이다. 어쩌면 그래서 더 큰 성취감으로 보상받는 것이 산행일 것이다. 사방이 탁 트인 소백산의 주봉 비로봉에서 만나는 풍경은 언제나 거침없이 시원해서 좋다. 별이 빛나던 어둠 속의 상고대 터널, 설산 위에서 만난 뜨거운 일출, 겨울 설화가 가득한 순백의 화원, 내가 이름 지어준 바람고개. 언젠가 이 모든 것이 그리워질 때면 나는 다시 겨울 소백산을 오르고 있을 것이다.

POINT

등산에 자신이 없다면 연화봉까지만 들러도 좋다. 하지만 설화가 가득한 겨울 화원의 진면목은 연화봉에서 비로봉까지 이어지는 주 능선을 걸어야 만날 수 있다. 긴 산행에 자신이 있다면 비로봉까지 도전해보는 걸 추천한다. 희방사에서 연화봉까지는 2.3km 거리로 편도 1시간 30분 정도 소요되고, 다시 연화봉에서 비로봉까지는 4.4km 거리로 2시간 정도 소요된다. 희방사를 지나 만나게 되는 첫 번째 고갯길이 가장 힘든 구간이다. 숨이 깔딱 넘어갈 정도로 긴 오르막이 이어져 이 구간을 '깔딱고개'라고 부른다. 연화봉에서 일출을 만나려면 적어도 새벽 5시 이전에는 산행을 시작해야 한다. 이른 새벽에는 희방사와 가까운 주차장에 주차할 수 있다(주차장이 협소해 늦은 아침에는 한참 아래에 있는 주차장에 주차를 하고 1km 이상을 더 걸어야 한다). 겨울 산행이라 아이젠은 필수 준비물이고, 비로봉까지가 목표라면 물과 간식을 충분히 준비해서 올라야 한다.

INFO

예약 여부 없음 **운영 기간** 없음 **운영 시간** 동절기 입산 가능 시간 05:00 **입장 마감** 동절기 입산 마감 시간 13:00 **주차** 경상북도 영주시 풍기읍 수철리 산1-14 **주소** 경상북도 영주시 풍기읍 죽령로 1720번길 278(희방사) **전화** 054-630-0700

PLUS ━━

· 부석사

20대 때였던가, 미술학자였던 최순우 선생님이 쓴 베스트셀러 도서 《무량수전 배흘림기둥에 기대서서》라는 책을 읽고
무작정 찾아갔던 기억이 있다. 그때는 가을이었고 절 입구로 들어가는 은행나무 가로수길엔 온통 노란 잎이 휘날리고 있
었다. 책이 주는 감동 때문이었을까? 한참을 서서 멍하니 무량수전을 바라보다 막 돌아설 무렵 만난 일몰은 눈물이 날 만
큼 아름다웠다. 부석사에 가려거든 꼭 그 책을 읽어보고 가야 한다. 감동이 밀물처럼 밀려든다.

· 소수서원

조선 최초의 사액서원으로, 국가에서 공인된 교육기관 역할을 했던 곳이다. 여러 국보와 보물을 만나고, 조선의 빼어난
건축미와 그에 얽힌 많은 이야기를 만날 수 있어 답사 여행지로 제격이다.

· 무섬마을

산태극수태극이라 해서 산과 강이 마치 태극 모양으로 돌아 흐르는 아름다운 지형을 지닌 곳이다. 그 모습이 마치 물 위에 떠 있는 섬과 같다 해서 '수도리(水島里)'라는 지명을 얻었는데, 예로부터 풍수지리학상으로도 길지라 해서 수백 년 전부터 사람들이 정착해 살아온 전통 마을이 자리 잡고 있다. 마을 앞 강을 가로질러 나 있는 '무섬외나무다리'는 무섬마을의 백미이자 상징과도 같은 명물이다.

별이 빛나는 어둠 속의 삼고대 터널,
설산 위에서 만나는 산중 일출,
겨울 설화가 가득한 순백의 화원,
구름을 태운 바람이 넘는 바람고개,
이 모두가 겨울 새벽 '소백산'을 오르면 만나게 되는,
내 인생에서 잊지 못한 감동이다.

472

죽기 전

내연산폭포

겸재 정선이 사랑한 12폭포의 비경이
시원하게 흘러내린다.

가을(10월 말~11월 초)
오전~오후

조선시대, 당대 최고의 화가에게 사랑받던 곳이 있다. 조선 후기 진경산수화의 대가로 불리는 겸재 정선의 작품에 실제로 등장하는 곳이다. 명승 중 하나인 포항 보경사 내연산폭포가 바로 그 주인공이다.

가을 풍경을 품은 내연산은 예술가들에게 많은 사랑을 받았다. 작은 사찰인 보경사 위쪽으로 쭉 뻗은 계

곡을 따라 걷다보면 각양각색의 매력을 뽐내는 크고 작은 폭포가 나오는데, 바로 '12폭포의 비경'으로 불리는 폭포들이다. 겸재 정선이 이 12폭포의 비경에 반해 5점의 실경화를 남긴 것으로 유명하다. 그중 보경사부터 약 2.7km의 구간, 편도 약 1시간 거리에서

7개의 폭포를 만나볼 수 있다. 1시간 거리의 구간 밖에 있는 여덟 번째 폭포부터는 평범한 여행자가 다니기 힘든 계곡 트레킹 코스이기 때문에 일곱 번째인 연산폭포까지만 볼 것을 추천한다.

보경사에서 내딛기 시작해 오늘의 최종 목적지 연산폭포로 향한다. 첫 번째 폭포를 만나기까지 약 1.9km

를 걸어야 하는데, 가을 단풍으로 물든 계곡을 따라 이어지는 길이 제법 운치 있다. 바람이 불 때마다 생명을 다하고 우수수 떨어지는 낙엽들은 "가을이 깊었으니 어서 오라!"며 손을 흔들어 나를 반겨주는 듯하다. 가을의 낭만을 가득 안고 굽이치는 계곡을 따라 시원한 산길을

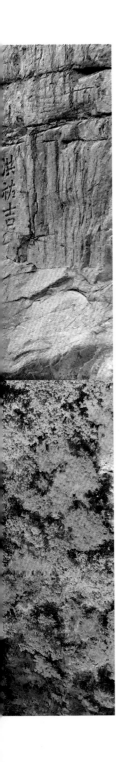

걷는 느낌이 마치 겸재 정선이 그린 산수화 속으로 들어가는 것만 같다. 졸졸 흐르는 계곡 물소리와 쉬지 않고 들리는 새소리를 들으며 유랑을 즐기며 떠도는 조선의 선비가 된 기분으로 그 길을 따라 걷는다. 7년 만에 다시 걷는 길이다. 마치 그리웠던 이를 다시 만나러 가는 길처럼 내 발걸음은 나아갈수록 더 경쾌해지고 있다.

제일 먼저 만난 비경은 상생폭포다. 가슴까지 시원해지는 야트막한 폭포가 처음을 알린다. 그로부터 멀지 않은 곳에 돌벽에 둘러싸인 아주 좁은 틈의 폭포가 있다. 보현폭포다. 폭포라면 언제나 크고 웅장한 폭포만 봐와서 그런지, 오히려 작은 폭포가 더 새롭고 신선하다. 당장이라도 적당한 곳에 자리를 깔고 무릉도원의 신선처럼 놀다 가고 싶은 것을 꾹 참으며 다음 폭포로 발길을 돌린다. 이제 삼보폭포를 만날 차례다. 등산로에서 살짝 비켜난 곳에 위치해 입구를 알리는 이정표를 유심히 살피지 않으면 그냥 지나치기 쉬운 폭포다. 그 덕분인지 다른 폭포들과는 달리 한적하고 고요해서 좋다. 크게 한번 공기를 들이마셔본다. 확실히 도시에서 마시는 공기와는 전혀 다른 결의 공기가 코와 폐를 기분 좋게 간지럽힌다. 기지개 한번 켜는 것을 신호로 다시 발길에 시동을 건다.

드디어 오늘 여행의 종착지 연산적교가 눈에 들어온다. 이곳에 4개의 폭포가 한데 모여 있다. 계곡 깊숙한 곳에서 숨죽이며 쉬고 있는 용의 모습을 한 잠룡폭포가 선두에 서 있고, 바로 뒤에서 물살을 보태는 키 작은

POINT

국내에서 이토록 많은 폭포를 연이어 만날 수 있는 계곡은 드물 것이다. 내연산 일대가 화산재가 굳은 암석으로 이루어진 까닭인데, 그 독특한 지질구조로 일대가 국가 지질공원(지질명소: 내연산12폭포)으로 지정되어 있다. 보경사에서 1.9km 거리에 이르는 첫 번째 폭포인 상생폭포를 만나게 되고, 그 뒤로 보현폭포, 삼보폭포, 잠룡폭포, 무풍폭포, 관음폭포, 연산폭포까지 7개의 폭포가 800m 거리에 줄지어 들어서 있다. 단풍이 절정에 이를 무렵에 찾아가야 가장 아름답고, 비 온 후에 찾아가면 더욱 웅장한 폭포를 만날 수 있다.

INFO

예약 여부 없음 **운영 기간** 없음 **운영 시간** 없음 **입장 마감** 없음 **주차** 식당가 주차장 경상북도 포항시 북구 송라면 중산리 544-32 매표소 입구 주차장 경상북도 포항시 북구 송라면 중산리 627 **주소** 경상북도 포항시 북구 송라면 중산리 산133

PLUS

· **칠포해변(칠포해수욕장)** 국내에서 가장 아름다운 파도가 치는 해변이다. 바다를 좋아한다면, 그리고 마음을 울리는 감동적인 파도를 만나보고 싶다면 꼭 가봐야 하는 곳이다. 단, 기상청 정보로 파고가 2m 이상일 때 가야 만족할 만한 파도를 만날 수 있다. 누구든 그 파도를 직접 보고 나면 아마 평생 잊지 못할 특별한 순간으로 기억될 것이다.

· **곤륜산(해발 176.9m)** 산정에서 내려다보는 동해 일출의 비경이 펼쳐지는 곳으로 해 뜨기 직전에 올라가 볼 것을 추천한다. 동해 바다가 막힘없이 파노라마처럼 발아래로 펼쳐지는 조망이 압권이다. 편도 1km 거리의 오르막을 걸어 올라야 하지만, 그 수고스러움이 결코 아깝지 않을 최고의 풍경을 선물해준다. 그 외 인기 있는 포항의 여행지는 이가리닻전망대, 환호공원 스페이스워크, 영일대해수욕장, 죽도시장, 호미곶, 구룡포항 정도다.

무풍폭포, 그리고 내연산 12폭포 중 가장 웅장하고 아름다운 절경으로 손꼽히는 관음폭포가 병풍처럼 사방을 두른 기암절벽 아래에서 흐르고 있다. 관음굴이라 불리는 신비한 형상의 바위굴 위를 흐르는 2개의 물줄기, 그 위로 그림처럼 연산적교가 걸려 있다. 가을옷을 두른 그 풍경들의 조화가 가히 절경 중의 절경이다. 내연산은 화산재가 굳은 암석으로 이루어졌다고 한다. 풍화에 비교적 약한 지질층을 물과 바람이 깎아 만든 작품이 폭포를 이루고 계곡을 이루고 있다. 그중 으뜸이 바로 이 관음폭포일 것이다. 그 위에 걸려 있는 연산적교를 건너면 바로 연산폭포를 만날 수 있다. 연산폭포는 12폭포 중 물줄기가 가장 크고 길다. 절벽 아래로 쏟아져 내리는 시원한 물줄기가 일품이다. 이 연산폭포, 관음폭포, 잠룡폭포를 한 폭의 그림에 담아낸 작품이 겸재 정선의 '내연삼용추도'다. 그만의 화풍으로 내연산의 비경을 수려하게 담았다. 이 세 폭포를 한눈에 조망할 수 있는 곳도 있다. 바로 소금강전망대로, 그 위에 올라서서 눈앞에 보이는 실경을 정선이 그린 그림과 비교해보는 것도 내연산 여행의 특별한 재미가 될 수 있을 것이다.

영겁의 시간이 지나도 언제나 그 모습 그대로인 자연 앞에서, 지금 나와 같은 것을 보며 나와 같은 감상을 느꼈을 옛사람들을 떠올리며 같은 공간 속을 흐르는 긴 시간의 흐름도 함께 느껴본다. 겸재만큼 실력을 갖추진 못했지만, 아마 지금 붓으로 그려보라 하면 얼추 비슷한 감정을 칠할 순 있지 않을까. 같은 길을 걸어 돌아갔을 그를 생각하며 가볍게 계곡 길을 따라 걷는다. 다시 한번 봐도 역시 비경 중의 비경이다.

　며칠간 비가 오지 않았던 탓에 웅장한 물줄기를 뿜어내는 폭포를 만날 수 없었던 게 조금 아쉽기는 하지만, 그래도 충분했다. 가을이었고, 길을 걸었고, 바람은 불었고, 새들은 지저귀고 있었고, 시간 속을 걸었고, 폭포는 여전히 아름다웠다.

무려 12개의 폭포를

연이어 만날 수 있는 계곡이 있다.

겸재 정선도 반해 5점의 실경화를 남겼을 만큼

시대를 초월한 폭포의 비경이 펼쳐지는

포항 '내연산계곡'이다.

고요한 가을 속 낭만을 느끼며
색색의 비단을 걸친
숲을 가로지른다.

죽기전

하옥계곡 ~ 옥계계곡 드라이브 코스

가을(10월 말~11월 초)
오전~오후

두 발로 걷는 여행도 좋지만, 가끔은 시원하게 뚫린 길을 차로 달리는 드라이브 여행이 생각날 때가 있다. 가장 좋아하는 노래를 BGM으로 틀어놓고 쾌청한 하늘 아래를 달리며 창밖 풍경을 스치듯 눈에 담는 드라이브 여행이야말로 가슴이 답답할 때마다 쉽게 할 수 있는 여행이다. 마음이 조금 답답할 때, 스트레스가 아슬아슬하게 차오를 때, 그렇다고 몸을 쓰기에는 귀찮을 때 편한 복장에 차 키하나 들고 나서면 시작되는 아주 간편한 여행이다.

내가 사랑해마지않는 드라이브 코스가 몇 개 있지만, 그중에서도 가을만 되면 곧잘 생각나는 곳이 바로 하옥계곡과 옥계계곡 구간의 드라이브 코스다. 일단 계곡을 끼고 달리는 코스다 보니 도시를 달리는 드라이브와는 전혀 다른 감상을 준다. 계절마다 다른 옷을 입는 숲과 계곡의 모습을 실컷 구경하며 달릴 수 있는데, 여름에는 신록으로, 가을에는 단풍으로 아름답다. 특히 색색의 비단옷을 걸치는 가을의 모습이 아주 아름답다. 가을로 물들어 빨강과 연두, 주황, 초록 나무가 예쁘게 섞인 모습은 운전하는 내내 오랜 잔상을 남긴다. 역시 국내 최고의 가을 드라이브 코스라 해도 모자람이 없을 만하다.

이 길은 포항에서 영덕을 가로지르고, 깊은 산 깊은 계곡을 따라 달린다. 길이 시작이 되는 하옥계곡은 굽이굽이 늘어선 협곡에 숨겨진 아름다운 계곡이다. 이 기점부터 조금은 속도를 늦춰 달리기를 권한다. 쌩쌩 달리며 빠르게 지나치기에는 너무도 아까운 정경이다. 운전하느라 하나하나 자세히 담지는 못하더라도, 이 아름다운 자연 속으로 스며 들어가는 기분을 만끽하는 것이 이번 여행의 중요 포인트다. 길은 좁고 인적 없이 고요하다. 좁은 길이지만 오가는 차가 없어 길옆으로 잠시 차를 멈춰 세워두고, 풍경으로 한 발짝 들어가볼 수 있다. 깊은 협곡을 가로지르며 흐르는 좁은 길, 그 길을 따라 계곡이 흐르고

POINT

가을 단풍이 한창일 때 찾아야 가장 아름답다. 전 구간이 중앙선이 없는 좁은 길이고, 차량 운행이 거의 없을 정도로 외진 길이지만 그만큼 때 묻지 않은 자연을 만날 수 있다. 구간 중 1km 정도 비포장 구간이 있지만 제법 잘 다져져 있어 천천히 통과한다면 어렵지 않게 지날 수 있다. 드라이브를 즐기다 제법 운치 있는 구간이 나오면 부담 없이 갓길에 차를 잠시 세워두고 편하게 경치를 감상하면 된다. 침수정은 상시 개방된 공간이 아니라 담장 안으로는 들어갈 수 없을지도 모른다. 하지만 걱정할 필요는 없다. 먼발치에서 바라보는 침수정이 더 아름답기 때문이다. 침수정과 더불어 옥계37경 대부분의 경치를 가장 아름답게 바라볼 수 있는 포인트는 침수정 바로 맞은편에 우뚝 솟은 바위 위다. 침수정 맞은편 도로에서 계곡을 건너 쉽게 올라설 수 있다.

단풍이 흐드러지게 피어 있다. 찻길이지만 그 모습이 숲 속 오솔길을 닮은 듯한 느낌이다. 길 위엔 찾는 이가 아무도 없어 깊은 적막함이 감돌고, 계곡물 소리만 정적을 깨며 유유히 흐른다. 그 공간을 독차지하고 서 있으니 마치 '산수 주인'이 된 것만 같은 기분이다. 다시 차를 몰아 시원한 계곡을 따라 달린다. 비좁기만 했던 좁은 계곡은 서서히 폭을 넓혀가고, 몇 개의 고갯길을 넘어서자 하옥계곡과는 다른 분위기의 옥계계곡으로 이어진다. 꼭 '몽유도원도'에 나올 법한 풍경이 예사롭지 않다. 이 옥계계곡은 예로부터 동남부 제일의 가경으로 꼽히는 경승지였고, 지금은 '영덕 옥계 침수정 일원'이라는 명칭의 국가 명승

지로 지정되어 있다. 초입에 구슬처럼 둥근 큰 바위 하나
가 계곡 위에 우뚝 서 있다. 진주를 닮았다 해서 진주암이
라 불리는 그 바위를 스치듯 지나자 아담한 정자가 눈에
들어온다. 돌을 베개 삼고 흐르는 물로 양치질을 한다는
시적 표현이 담긴 침수정이다. 옥계계곡의 중심에 자리한
침수정은 조선의 수많은 선비와 학자가 찾아와 시를 짓고
기행문을 남겼을 정도로 옛사람들로부터 많은 사랑을 받
았던 곳이다. 그림처럼 펼쳐진 기암절벽 아래로 옥처럼 맑
은 계곡이 흐르고, 그 위에 아담한 정자 하나가 놓인 풍경
은 조선시대에 그린 동양화를 보는 듯하다. 조선이 선비들
이 남긴 수많은 시와 기문으로 팔도에 전해졌을 이 가경은

INFO

예약 여부 없음 **운영 기간** 없음 **운영 시간** 없음 **입장 마감** 없음 **주차** 옥계계곡 갓길 주차
침수점 경상북도 영덕군 달산면 옥계리 산25-3 **주소** 하옥계곡 기점 경상북도 포항시 북
구 죽장면 하옥리 산301-1 옥계계곡 기점(침수점) 경상북도 영덕군 달산면 팔각산로
794

현재에 이르러서도 가치를 인정받아 명승으로 지정되었
을 만큼 한 폭의 산수화 같은 빼어난 아름다움을 지녔다.

침수정은 1784년에 손성을이란 사람이 지었는데, 뒤
쪽만 담을 두르고 수려한 풍광을 마주한 앞쪽은 시원하게
열려 있다. '옥계37경'으로 불리는 옥계계곡의 경관을 그
대로 감상하며 놀 수 있는 최고의 정자인 셈이다. 병풍처
럼 정자를 두르고 있는 기암절벽인 병풍대에는 '산수 주
인 손성을'이라고 새겨져 있어, 이곳이 그에게 얼마나 지
극한 사랑을 받았는지 가늠할 수 있게 한다.

　　정자와 계곡이 훤히 보이는 높다란 바위 위에 올라서
서 산수풍월에 흠뻑 빠졌던 그 옛날 이곳을 찾은 조선의
선비들처럼 나의 기문을 마음속에 새겨본다. '높고 높은
병풍대에는 주황빛 가을이 묻었고, 옥처럼 맑은 물은 산
수를 돌아 흐른나. 가시 바라. 잊시 바라. 오늘 내가 어기
에 서 있었음을….' 그리고 신선한 공기에 옥계37경의 아
름다운 경치를 후각으로도 느껴본다. 굳이 말하자면, 물
아일체다. 어찌 됐든 지금의 하옥계곡과 옥계계곡은 내 풍
류의 무릉도원이다.

PLUS ━━━━━

· **포항~영덕 해안 드라이브** 포항 칠포해변부터 시작해 영덕 백석해변까지 이르는 해안 드라이브 코스가 일품이다. 무작정 내비게이션을 따라가면 새로 난 고속국도를 따라가게 될 수도 있으니 주의해야 한다. 해안도로를 달리다 눈에 드는 곳에 차를 세우고 머물면 그만이다. 거리는 약 60km에 이른다. 시간이 허락한다면 울진까지 달려봐도 좋다. 울진까지 갔다면 불영계곡 길을 꼭 들러보라고 추천하고 싶다.

· **내연산계곡** 겸재 정선도 반해 5점의 실경화를 남긴 산수 풍경, 포항 내연산계곡이 가까이 있다. 12폭포의 비경을 품은 아름다운 계곡으로 그중 관음폭포와 연산폭포가 가장 아름답다. 편도 1시간 정도만 걸으면 만날 수 있는 비경 중의 비경이다. 내연산계곡 역시 사계절 중 가을이 가장 아름답다.

· **주왕산국립공원** 가을 풍경이 아름다운 주왕산이 멀지 않은 곳에 위치한다. 주방계곡을 따라 기암과 폭포를 만나는 코스도 좋고, 주산지의 가을 풍경과 절곡계곡 트레킹을 즐겨보는 것도 좋다. 주왕산 역시 가을 산이라 불릴 만큼 가을이 가장 아름다운 산이다.

깊은 협곡을 굽이치듯 흐르는 좁은 길.
찻길이지만 숲속 오솔길을 닮은 길이다.
그 길을 따라 계곡이 흐르고 단풍이 흐드러지게 피었다.
포항 '희옥계곡'에서 시작한, 아름다운 가을을 품은 길은
영덕 '옥계계곡'에 이르러 마침표를 찍는다.

죽기 전

칠포해변

시리도록 아름다운 겨울 바다의
사무치게 아름다운 파도의 노래

겨울
오전~오후

경상북도 포항에는 바다가 살고 있다. 문자 그대로
다. 바다가 '살고' 있다. 시리도록 아름다운 바다와 파
도를 품은 칠포해변 이야기다.

　삼면이 바다로 둘러싸인 우리나라에서는 아무래
도 바다를 보는 것이 그다지 어려운 일이 아니다. 동
해, 서해, 남해, 어디를 가도 파도가 철썩이는 바다를
볼 수 있다. 해안가 도시에 가거나 해수욕장에 가면,
너무 당연한 말이라 조금은 이상하게 들릴 수도 있겠
지만, 바다가 있다. 그런데 경상북도 포항의 칠포해
변은 유별나다. 얼핏 보면 동해안 어디서나 볼 수 있
는 해변과 크게 다를 바 없는 듯하지만, 여기에는 바
다가 살아 있다. 살아 숨 쉬는 생명체로 바다가 존재
한다. 파도로써 노래하고 잔잔한 물결로써 말을 건

다. 어머니의 노래처럼 모든 고민을 잠재우는, 조용
하지만 아름다운 노래다.

칠포해변을 처음 찾았을 때 내가 느낀 감상은 단
순했다. 살아 있구나, 바다가. 외로울 정도로 막막하
게 넓은 모래사장을 걸으며 듣는 파도 소리가 마치
바다가 불러주는 노래처럼 들렸다. 살아 있는 존재
라고 인식한 후부터는 어쩐지 그와 사랑에 빠질 것만
같은 기분까지 들었다. 그렇게 파도가 층을 이루며
부서지는 모습에 넋을 잃고 그저 사랑하는 마음으로
한참을 보다 돌아섰던 것이 이곳과의 첫 만남이었다.
그 후로 이곳은 내가 가장 사랑하는 바다가 되었다.
사계절 언제 가도 아름다운 파도를 품은 살아 있는
바다이긴 하지만, 칠포는 겨울 바다가 특별히 아름답

다. 아무도 찾지 않는 한적하고 긴 해변에 오직 하늘과 구름과 파도만 깃들어 아직 다 채워지지 않은 풍경화를 닮은 바다. 그 그림 속을 채우듯 발자국을 남기며 긴 해변을 홀로 걷는다. 그곳에서는 바람이 불고, 파도 소리가 울려 퍼진다. 그 누가 파도치는 칠포의 아름다움을 보고도 사랑에 빠지지 않을 수 있을까? 누군가 내게 국내에서 가장 아름다운 겨울 바다가 어디냐고 묻는다면 망설임 없이 칠포해변에 꼭 가보라 할 것이다. 그만큼 내가 사랑해마지않는 겨울 바다가 칠포해변이다.

오랜만에 다시 찾은 칠포해변은 역시 변함이 없었다. 아

무엇도 없는 짙은 갈색의 드넓은 모래 해변을 위로라도 하듯 푸르디푸른 하늘색 같은 에메랄드빛 바다가 쉴 새 없이 파도를 부순다. 다른 바다보다 유독 파고가 높은 곳이라 언제 찾아도 연중 절반 이상은 파도가 아름답지만, 그래도 실패하지 않으려면 기상청 정보로 파고가 2m 이상일 때 찾는 것이 좋다.

일부러 갈대밭을 지나 오래된 다리까지 천천히 걸으며 시간을 끈다. 오랜만에 이곳을 찾으면서 만반의 준비를 했건만, 바다에게 놀림이라도 당할세라 쉽게 꺼내지 못하고 그저 애꿎은 모래만 꾹꾹 밟으며 걷고만 있다. 얼마를 걸었을까, 드디어 결심을 하고 자리를 잡는다. 그동안의 그리움을 한번에 풀기라도 할 기세로 바다를 정면에 두고 준비해 온 접이식 간의 의자를 펼쳤다. 함께 준비한 장비도 하나둘 꺼내 연결한다. 마이크와 헤드폰이다. 처음 이곳의 파도 소리를 듣고 결심했던 일이다. 언제 다시 올지 장담할 수는 없지만, 다시 이곳을 찾는다면 그때는 꼭 파도 소리를 더욱 온전히, 가까이서 듣고 싶었다.

마이크와 연결한 헤드폰을 쓰고 가만히 바다를 본다. 양 귀를 넘어 온 마음에 파도의 노랫소리가 가득 차오른다. 문득, 바다와 사랑에 빠졌다고 하면 사람들이 뭐라고 할까 하는 재미난 생각이 머릿속에 스친다. 분명 이미 빠져버렸다.

바다가 그리우면 칠포로 떠나보라.

그곳에선 시리도록 아름다운 푸른 파도가 춤을 추듯 일렁이고, 사무치게 아름다운 파도 소리가 마음까지 스며든다.

POINT

칠포해변은 겨울 바다가 빼어나게 아름답다. 특히 기상청 정보로 파고가 2m 이상일 때 찾아가야 감동적인 파도와 파도 소리를 만날 수 있다. 파도 없는 칠포해변을 찾았다가는 여느 바다와 다름없는 평범한 모습에 실망할 수도 있으니 꼭 유의해야 할 것이다. 칠포해변은 길이가 무려 3km 정도에 이르는 긴 해변인데, 풀코스로 걸어보고 싶다면 '포항시 북구 흥해읍 용한리 894-4(작은 정자가 있음)'부터 시작해 칠포해수욕장 주차장까지 걸으면 된다. 약 2.3km를 걷는 구간으로 멋진 해안 덱 길도 있고, 작은 나무다리도 있고, 오래된 칠포 인도교도 있고, 드넓은 모래사장도 있다. 그 모든 구간이 바다와 파도를 품고 있다.

INFO

예약 여부 없음 **운영 기간** 없음 **운영 시간** 없음 **입장 마감** 없음 **주차** 경상북도 포항시 북구 흥해읍 칠포리 197-20(칠포해수욕장 주차장) **주소** 경상북도 포항시 북구 흥해읍 칠포리 197-34

PLUS

· **구룡포항** 골목 사이 일본식 가옥이 늘어선 일본인 가옥 거리가 볼만하다. 포항을 찾을 때마다 구룡포를 다시 찾는 이유는 인상적인 먹거리가 있기 때문이다. 70년 전통의 구룡포 찐빵집 '철규분식(054-276-3215)'이 있고, 오직 구룡포에서만 진미를 느낄 수 있는 모리국수의 원조이자 전설의 맛집 '까꾸네모리국수(054-276-2298)'가 있기 때문이다. 특히 모리국수는 겨울만 되면 생각나는 맛이고, '가성비' 또한 훌륭하다.

· **곤륜산(해발 176.9m)** 산정에서 내려다보는 동해 일출의 비경이 펼쳐지는 곳으로 해 뜨기 직전에 올라가볼 것을 추천한다. 동해 바다가 막힘없이 파노라마처럼 발아래 펼쳐지는 조망이 압권이다. 편도 1km 거리의 오르막을 걸어 올라야 하지만, 그 수고스러움이 결코 아깝지 않을 최고의 풍경을 선물해준다. 그 외 인기 있는 포항의 여행지는 이가리닻전망대, 환호공원 스페이스워크, 영일대해수욕장, 죽도시장, 호미곶 정도다.

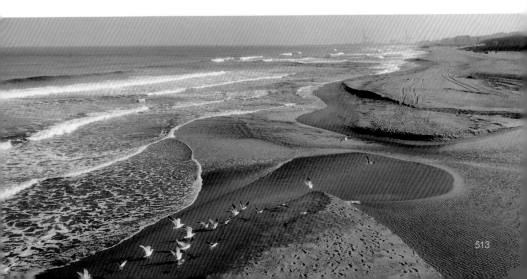

칠포해변을 거닐어볼 적이 있는가?
시리도록 아름다운 푸른 파도가 춤을 추듯 일렁이고
마음까지 스며드는 파도 소리는 사무치게 아름답다.
바다가 그리우면 칠포로 떠나라.

515

죽기 전

만
항
재

구름 속 설국에서는
시간도 꽁꽁 얼어붙는다.

겨울
오전~오후 *눈이 내린 직후 또는 다음 날 아침

518

강원도에 위치한 만항재는 태백과 영월을 가로질러 정선으로 넘어가는 고갯길로, 왕복 2차로 도로가 굽이굽이 흘러 높고 높은 함백산(해발 1,572m) 자락을 넘는 길이다. 급커브가 심심찮게 있는 길이라 운전하기 쉬운 길이라고는 말할 수 없지만, 그래도 누군가 드라이브 길 한 곳을 추천해 달라고 하면 고민 없이 제일 먼저 소개하는 곳이다. 강원도를 더 매력적인 곳으로 만드는 단 하나의 길, 만항재를 넘으며 겨울을 넘는다.

'천상의 화원'이라는 이명을 지닌 만큼 사계절 내내 언제 찾아도 예쁘고 아름답다. 봄, 여름, 가을에는 형형색색의 야생화가 길을 물들이고, 겨울에는 하얀 눈이 온 도로를 덮는다. 그중에서 내가 가장 아끼는 만항재는 겨울의 만항재다. 아름다운 고갯길이 새하얗게 물든 겨울 설경은 어떻게 표현하면 좋을지 알 수 없을 정도로 매우 아름답다. 해발 1,330m 고도까지 차로 오르는 우리나라에서 차로 오를 수 있는 가장 높은 곳으로 꼽히는 이곳에 눈이 가만히 내린 풍경은 한번 보면 결코 잊을 수 없는 모습이다.

그래서 이곳에 눈이 내린다는 뉴스를 보고 도저히 가만히 있을 수 없었다. 눈이 그칠 때까지 조금 기다려볼까 하

POINT

만항재는 사계절 언제 가도 좋다. 봄부터 가을까지 200~300여 종에 이르는 야생화가 피는 곳이라 상상의 화원이라고도 불린다. 만항재 표지석 뒤편으로는 아름다운 편백나무와 소나무 숲길이 이어져 있는데, 하늘과 맞닿은 숲이라 해서 하늘숲이라 부른다. 이 하늘숲 아래가 모두 야생화가 피어나는 화원이다. 만항재의 겨울 풍경을 보려거든 꼭 눈 내리는 날이 아니어도 된다. 눈이 많이 내린 후 3일 이내 기온이 아주 낮은 아침에 찾아가면, 상고대로 가득한 순백의 겨울 숲을 만날 수도 있다. 눈 내리는 날이나 바로 다음 날 찾아간다면 스노 체인이 필요할 수도 있다. 도로 제설은 아주 빠른 편이다.

는 고민이 잠깐 들기도 했지만, 그 며칠을 참을 자신이 없었다. 결국 눈이 금방이라도 녹을까 싶어 조급한 마음으로 해가 뜨지도 않은 어두운 시간에 차를 몰았다. 하지만 너무 급했던 걸까. 도로에 가득 쌓인 눈으로 만항재까지 채 가지 못하고 어쩔 수 없이 그 앞에서 차를 세우고 걸어가야 했다. 눈이 다 녹을 때까지 기다릴 수도 없는 노릇이니 일단은 무작정 걸을 수밖에. 혹시 몰라 손전등을 챙겨 온 것이 다행이었다. 처음에는 막막했던 마음이 차츰 차분해지고 여유로워지니 곧 거리의 소리가 들려오기 시작했다. 이른 새벽 마을의 개 짖는 소리와 닭 울음소리가 밤하늘에 녹는다. 내가 발을 내딛을 때마다 뽀드득거리는 눈 소리가 새벽에 닿는다. 생각지도 못하게 받은 선물 같은 순간이다.

40분쯤 걸었을까? 만항재에 이르렀을 무렵 제설차 한

대가 올라와 길을 닦아낸다. 저 제설차가 조금만 더 일찍 왔더라면 아마도 차를 올라타고 왔을 테다. 강원도 산간 내륙 드라이브 코스를 차를 타지 않고 걸어서 왔다니 헛웃음이 나오지만, 오히려 이 상황이 이상할 만큼 신선하고 재미있다. 역시 여행의 재미는 예측하지 못한 의외성에 있다. 10대부터 지금까지 그 긴 시간을 여행하며 이런 예측하지 못한 상황을 참 많이도 만나온 나다. 그런 사연이 차곡차곡 쌓여 잊지 못할 여행의 추억이 된다는 걸 잘 알고 있었다. 오늘도 그 평범치 않은 나만의 추억을 만든 셈이다

이제 막 해가 뜨기 시작해 어렴풋한 빛이 들기 시작한 천상의 화원에 눈이 소복하다. 아직 아무도 밟지 않은 새하얀 길. 그 길 위에 뒤에서부터 이어져온 내 발자국을 하나 더 내본다. 기억하고 있던 설경 그대로다. 어느새 안개

처럼 밀려든 구름이 만항재 위로 살포시 내려앉는다. 하늘도, 땅도, 산도, 숲도, 공기도 온통 순백의 세상이 된다. 해발 1,330m에서 펼쳐지는 구름 속 설국이다.

　　모두 좋았다. 이른 새벽 눈 쌓인 도로를 걸어 올랐던 기억, 마을을 지날 무렵 개 짖는 소리와 닭 울음소리를 들었던 기억. 거기에 구름 속 설경까지 더해주었으니 그야말로 완벽했다. 그 모든 순간과 기억은 아마도 오래도록 잊지 못할 또 하나의 추억으로 남을 것이다.

INFO ━━━━━━━━━━━━━

예약 여부 없음 **운영 기간** 없음 **운영 시간** 없음 **입장 마 감** 없음 **주차** 내비게이션에 '만항재 쉼터'라고 치고 가 면 바로 앞에 주차 공간이 있다. **주소** 강원도 정선군 고 한읍 고한리 산216-37

PLUS ━━━━━━━━━━━━━

· **정암사** 우리나라 5대 적멸보궁 중 한 곳이자 고려 시 대에 세운 신비의 모전 석탑 '정암사 수마노탑(국보)'을 만날 수 있는 곳이다. 정선 여행 중에 꼭 한번 들러봐야 할 불자들의 성지이기도 한데, 정선에서 만항재로 오르 는 길 초입에 있다.

· **삼탄아트마인** 탄광 산업이 꽃을 피우던 시절 광부들 의 생활상을 그대로 엿볼 수 있는 곳이다. 실제 광업소로 운영되었던 곳이라 살아 있는 생활사 박물관이라 할 수 있다. 그때 그 시절 광부들의 이야기를 만나며 진한 감동 을 느낄 수 있는 특별한 공간으로 문화체육관광부와 한 국관광공사가 선정한, 한국인이 꼭 가봐야 할 '한국관광 100선'에 오른 곳이기도 하다.

겨울 아침, 안개처럼 밀려드는 구름이 살포시 내려앉아
하늘도, 땅도, 산도, 숲도, 공기도 온통 순백의 세상이 된다.
해발 1,330m에서 펼쳐지는 구름 속 설국을 만나는,
우리나라에서 차로 오를 수 있는
가장 높은 고갯길, 정선 '만항재'다.

헤아릴 수 없을 정도로
넓은 반석 위에 이곳에서 노닐던
신선들을 노래한 시가 적혀 있다.

죽기 전

무릉계곡과 베틀바위

봄, 여름, 가을, 겨울
오전~오후

'신선이 노닐던 이 세상의 별천지'라 불리던 우리나라
천하 제일경이 강원도 동해에 있다. 무릉도원같이 아름
다운 계곡이라는 뜻의 무릉계곡과 예로부터 하늘 아래
첫 번째 가경으로 손꼽히던 베틀바위다.

　　고려에서 조선에 이르기까지 수많은 묵객들이 찾
아와 빼어난 절경에 감탄해마지않았고, 오랜 시간이 흐
른 현시대에 이르러서까지도 수많은 여행자들이 찾고
있는 동해의 대표 여행지. 두타산이 품은 협곡 속 비경
을 만나러 간다.

　　두타협곡을 만나는 코스는 여러 개다. '베틀바위
산성길'이라 부르는 총 7.3km의 일주 코스가 대표적인

INFO ————
예약 여부 없음 **운영 기간** 없
음 **운영 시간** 없음 **입장 마
감** 없음 **주차** 강원도 동해시
삼화로 467 **주소** 강원도 동
해시 삼화동 산175-1 **전화**
033-539-3700

코스로 베틀바위, 미륵바위, 12산성폭포, 마천루, 용추폭포, 쌍폭포, 선녀탕, 학소대, 무릉반석 등 이곳의 대표 볼거리를 모두 한번에 볼 수 있다. 하지만 그만큼 두 다리가 매우 튼튼해야 하는 쉽지 않은 등산 코스이기 때문에, 등산을 자주 다니거나 걷는 데 자신 있는 사람이 아니라면 조금은 신중하게 고를 필요가 있다. 일주 코스가 부담스럽다면 산을 오르지 않고 용추폭포까지만 다녀오는 계곡 코스(편도 2.6km)나 베틀바위 코스(편도 1.5km)를 추천한다. 계곡 코스는 산책에 가깝고, 베틀바위 코스는 오르막이 내내 이어지긴 하지만 길지 않은 거리라 체력적인 부담을 덜 수 있다.

일주 코스를 걸으면 좋겠지만, 하필이면 주말에 찾

아서인지 인파가 많아 최대한 조용히 둘러볼 수 있는 코스를 계획했다. 인파가 몰리지 않을 시간대를 골라 두 코스로 나눠 오전에 한 번, 오후에 한 번 오르기로 했다. 오전에는 관리사무소에서부터 용추폭포까지 다녀오는 계곡 코스다. 오르막이 많지 않아 가볍게 걸을 수 있는 길이다. 무릉반석과 삼화사, 학소대, 옥류동, 쌍폭포, 용추폭포 등 볼거리가 제법 많고 그늘이 많아 계곡에 앉아 소풍처럼 쉴 수 있다. 이른 시간이라 비교적 한적하게 둘러볼 수 있을 것으로 예상된다.

오후에는 다시 관리사무소에서 시작해 베틀바위전망대까지 다녀오는 베틀바위 코스를 올라볼 것이다. 초반과 후반의 구간이 오르막길로 다소 가파르긴 하지만, 감탄이 절로 나오는 베틀바위의 경치를 보기 위해서는 절대로 빼놓을 수 없는 구간이다. 오후 2~3시 정도에 오르기 시작하면, 대부분의 사람들이 하산에 접어들었을 시간이라 전망대에 이를 무렵이면 그들 모두 하산을 완료했을 것이다. 이렇게 하면 비교적 적은 인파 사이에서 주요 볼거리를 모두 볼 수 있다. 그리고 베틀바위 코스를 굳이 오후 코스로 잡은 데는 명확한 이유가 있다. 전망대에서 바라보는 베틀바위는 오전에 그늘이 지고 오후가 돼야 빛이 들기 때문이다.

———

본격적으로 무릉계곡에서부터 여행을 시작한다. 무릉계곡은 두타산과 청옥산 사이에 흐르는 계곡을 말한다. 자

기들도 신이 났는지 한껏 지저귀는 새소리와 멋들어진 기
암, 그리고 우거진 오솔길이 조화롭게 어우러져 가경을 만
들어낸다. 가장 먼저 눈에 띄는 건 넓이를 헤아릴 수 없을
정도로 넓은 무릉반석이다. 약 4,958㎡(1,500평)나 되는
거대한 반석으로, 옛 글귀가 빽빽이 새겨져 있어 유명하
다. 모두 이곳을 찾아 풍류를 즐겼던 옛 선비들의 글귀다.
특히 조선시대 4대 명필 중 하나인 봉래 양사언의 글귀가
가장 유명한데, '신선들이 노닐던 이 세상의 별천지(武陵

仙源, 무릉선원)'라는 글귀가 새겨져 있다. 그 밖에도 고려
에서 조선까지 수많은 명필가와 시인, 묵객의 시와 기록이
새겨져 있다. 모두 이곳을 찾았다가 빼어난 절경에 감탄
해 남긴 기록들이다. 수백 년의 시차를 두고 이곳의 아름
다움을 노래했던 그들의 마음이 눈앞에 보이는 듯하다. 역
시 무릉계곡에서 가장 상징적인 장소로 꼽힐 만한 곳이다.

오전 코스의 마지막 구간인 용추폭포까지 가는 길에

는 여러 볼거리가 숨어 있다. 학이 둥지를 틀고 살았다는
전설을 간직한 학소대, 신선들이 놀다 두고 간 공깃돌이라
는 거대한 동글 바위가 놓인 옥류동, 보기만 해도 왜 그런
이름이 붙었는지 이해가 가는 병풍바위와 장군바위까지
절대로 그냥 지나치면 안 되는 재미있는 곳들을 차례차례
구경한다. 그리고 선녀탕 위로 나 있는 예쁜 다리를 건너
기암들 사이로 2개의 물줄기가 서로 마주 보고 흐르는 쌍
폭포를 만난다. 고등학생 때였던가? 어머니를 따라와 폭
포 아래에서 수영을 하며 놀았던 아련한 추억이 깃든 장소
다. 그렇게 계속 공기 좋은 숲길을 걷다 보니 어느새 오전
코스의 마지막 구간에 다다랐다. 바로 용추폭포다. 항아
리 모양을 한 3개의 용소(폭포수가 떨어지는 바로 밑 깊은
웅덩이)와 3개의 폭포로 이루어져 있다. 폭포의 시원한 물

줄기로 땀을 식히며 무릉계곡의 매력에 더 깊이 빠져본다.

———

　오전 코스에서 돌아와 식당가에서 느긋하게 점심을 먹으며 잠깐 숨을 돌린 후 다시 산길에 올랐다. 오후 코스로 정해두었던 베틀바위전망대로 향하는 길이다. 계단도 많고 아주 가파르기까지 한 험준한 길이다. 낭떠러지 비슷한 곳도 많기 때문에 각별히 주의해서 올라야 한다.

　베틀바위는 예로부터 하늘 아래 첫 번째 가경으로 손꼽혔다. 이런 별명에는 다 이유가 있다. 멀리서만 봐도 하늘로 높이 솟은 바위들의 웅장한 모습이 입이 떡 벌어질 정도로

멋있기 때문이다. 가는 길은 조금 험난할지라도 자연이 빚어낸 걸작과 마주하는 시간이 점점 가까워짐에 따라 가슴이 뛰기 시작한다. 전망대 위에 올라서자 웅장하고 아름다운 베틀바위의 모습이 눈앞에 입체적으로 펼쳐진다. 역시 천하 제일경이라 불릴 만한 압도적 가경이다. 하늘나라에서 법규를 어긴 선녀가 이곳에 내려와 비단 세 필을 짜고 다시 하늘로 올라갔다는 신비로운 전설을 지닌 베틀바위는 삼베나 비단을 짜는 베틀 모양을 닮았다.

자연이 빚어낸 예술 작품과도 같은 가경, 베틀바위의 모습을 보고 있자니, 중국의 명산 장자제의 천자산에 올라서 보았던 모습과 흡사하다는 생각이 문득 든다. 그에

결코 뒤지지 않는 아름다움이다. 금강산 다음으로 아름다운 풍경이 바로 이 베틀바위라던 옛말을 떠올리며, 역시 옛말 틀린 것 하나 없음을 다시금 느낀다. 다소 험한 길로 내려가야 하겠지만, 그래도 여기까지 온 것이 하나도 후회가 되지 않는다. 그렇게 한참을 바라본 후에야, 몇 번이고 다시 기억날 아름다움을 가슴에 품고서 아쉬운 발길을 힘들게 돌려본다.

주말이었지만 마치 평일같이 한적하고 아름다운 두타협곡을 만났던 시간, 옛사람들의 풍류를 함께 느끼고 걸었던 그 길. 완벽한 선택이었고, 완벽한 여행이었다.

POINT

체력적으로 자신이 있다면 볼거리 많은 '베틀바위 산성길' 일주 코스를 추천한다.

· 베틀바위 산성길 일주 코스(거리 7.3km / 4~5시간 소요 / 난이도 상) 관리사무소 ~
베틀바위전망대 ~ 미륵바위 ~ 12산성폭포 ~ 마천루 ~ 용추폭포 ~ 쌍폭포 ~ 선녀탕 ~ 옥
류동 ~ 학소대 ~ 무릉반석 ~ 관리사무소

두타협곡의 비경을 모두 만날 수 있는 코스로 베틀바위 외에도 12산성폭포와 마천루의
풍경 역시 매우 인상적이다. 단, 12산성폭포의 비경은 비 온 직후라야만 제대로 감상할
수 있다. 베틀바위 쪽이 오후에 빛이 들기 때문에 역순으로 진행하는 것이 유리하겠다.

· 계곡 코스(편도 2.6km / 상향 편도 50분 / 난이도 하 ※오르막 10~20%) 관리사무
소 ~ 무릉반석 ~ 삼화사 ~ 학소대 ~ 옥류동 ~ 선녀탕 ~ 쌍폭포 ~ 용추폭포

계곡 코스는 산책에 가까운 코스로 누구나 쉽게 이용할 수 있고, 아름다운 폭포와 맑은 계
곡, 울창한 숲길이 깃들어 있다.

· 베틀바위전망대 코스(상향 편도 1.5km / 난이도 상 ※오르막 80~90%) 관리사무
소 ~ 베틀바위전망대

베틀바위 코스는 오르막이 길게 이어져 힘들기는 하지만 긴 구간은 아니라 다리가 불편
하지 않으면 누구나 도전해볼 만한 코스다. 딱 베틀바위만 보고 돌아오는 코스지만, 충분
히 가치 있는 천하 제일경을 바로 눈앞에서 볼 수 있는 코스다.

계곡 코스와 베틀바위 코스만 보더라도 두타협곡의 비경 80% 정도는 봤다고 할 수 있
다. 봄여름엔 신록이 있고, 가을엔 단풍, 겨울엔 설경이 있어 사계절 언제 가도 좋다. 아름
다운 폭포가 많은 곳이라 비 온 후에 찾아가야 더욱 좋다. 특히 학소대와 12산성폭포는
마른 폭포라 비 온 직후에만 모습을 드러낸다.

柳興之

尹得軹

崔遇興
乙亥夏

張龍淳

張顯澤

鄭熊極
北

鄭熊錫

鄭熊洙

金興顯

金寧河
鄭學崔中熙
張學三
金漢範 金瓚河
金一卿
崔煥政
金□卿
崔□嶠
金相卿
柳興□
朴□藝 鄭□

· **논골마을(논골담길)과 도째비골** 바다가 훤히 내려다보이는 언덕 위에 위치한 아름다운 마을로 한국의 산토리니라 불린다. 골목골목 예쁜 벽화가 그려진 길을 따라 언덕 위에 오르면, 아름다운 묵호등대와 멋진 바다 풍경이 펼쳐지는 도째비골 스카이밸리를 만날 수 있다. 그 길을 따라 바닷가로 내려오면 도깨비방망이를 형상화한 해상 전망대인 도째비골 해랑전망대를 만나게 된다. 2023~2024년 한국 관광 100선에 선정된 곳이기도 하다.

· **동해시의 아름다운 해변** 도시 이름에도 '동해'가 담겨 있을 만큼 동해 바다를 원 없이 만날 수 있는 곳이 바로 동해시다. 그 이름도 유명한 추암 촛대바위부터 감추해변, 한섬해변, 어달해변, 대진해수욕장, 노봉해수욕장, 망상해수욕장까지 이어지는 해안 드라이브 코스가 일품이다. 특히 바다 위의 작은 절 감추사가 있는 감추해변에서 한섬해변까지 이어지는 해안 산책로가 기억에 남는다. 파도가 좋은 맑고 푸른 바다를 품은 어달·대진·노봉해수욕장은 여름철 휴가지로 인기가 많은 곳이다.

'신선들이 노닐던 이 세상의 별천지.'
조선 4대 명필 중 하나인 봉래 양사언이
이곳에 찾아와 남긴 표현이다.
그토록 빼어난 절경에 예로부터 하늘 아래
첫 번째 가경이라 불렸을 만큼
아름다운 폭포와 바위가 모여
절경을 이루는 곳이 바로 '무릉협곡'이다.